STUDENTEN FUTTER

Inhalt

Ratgeber

Allgemeine Hinweise 4
Vorrat und Handwerkszeug 6
Einkauf und Lagerung 8
Vegetarische und vegane Ernährung 10
Pannenhilfe 12

Frühstück
Das schmeckt nicht nur morgens 14

Lunch
Eine gute Alternative zur Mensa 52

Abendessen
Wenn der große Hunger kommt 86

Desserts & süße Pausen
Rund um die Uhr 128

Snacks & Partyfood
Für zwischendurch und in großer Runde 164

Register 198
Impressum 200

Abkürzungen und Symbole

EL	Esslöffel
TL	Teelöffel
Msp.	Messerspitze
Pck.	Packung/Päckchen
g	Gramm
kg	Kilogramm
ml	Milliliter
l	Liter
evtl.	eventuell
geh.	gehäuft
gestr.	gestrichen
gem.	gemahlen
ger.	gerieben
TK	Tiefkühlprodukt
°C	Grad Celsius

Kalorien-/Nährwertangaben

E	Eiweiß
F	Fett
Kh	Kohlenhydrate
kcal	Kilokalorie

Allgemeine Hinweise

Bevor du dich ins Kochvergnügen stürzt, sind hier noch ein paar Tipps und Tricks für dich.

Sicher ist sicher
Lies dir vor dem Einkaufen und der Zubereitung das Rezept einmal vollständig durch. Oft werden Arbeitsabläufe oder -zusammenhänge dann klarer.

Zubereitungszeit ist nicht alles
Lasse keine unnötige Hektik aufkommen. Die Zubereitungszeit dient nur deiner Orientierung; sie ist ein Richtwert und abhängig von deiner Kocherfahrung. Wichtig für die Planung: Die Zubereitungszeit beinhaltet nur die Zeit für die eigentliche Zubereitung, lange Garzeiten sind gesondert ausgewiesen. Längere Wartezeiten, z. B. Kühl- und Auftauzeiten, sind nicht mit einbezogen.

Backofen individuell einstellen
Die in den Rezepten angegebenen Backtemperaturen und -zeiten sind Richtwerte, die nach individueller Hitzeleistung des Backofens über- oder unterschritten werden können. Bitte hab deshalb immer einen Blick auf dein Essen, wenn es im Backofen ist.
Wichtig: Die Temperaturangaben in diesem Buch beziehen sich auf Elektrobacköfen.

Angaben zu Nährwerten
Die Nährwerte sind pro Person oder Portion angegeben. Dabei handelt es sich um auf- bzw. abgerundete ganze Werte. Aufgrund von ständigen Rohstoffschwankungen und/oder Rezeptveränderungen bei Lebensmitteln kann es zu Abweichungen kommen. Die Nährwertangaben dienen daher lediglich zu deiner Orientierung und eignen sich nur bedingt für die Berechnung eines Diätplans, zum Beispiel bei Krankheiten wie Diabetes. Bei krankheitsbedingten Diäten richte dich daher bitte nach den Anweisungen deines Diätassistenten bzw. deines Arztes.

Angaben zu den Portionen

Alle Rezepte, die für 1 Person oder 1-2 Personen angegeben sind, lassen sich problemlos für Gäste vervielfachen. Deshalb hat jedes Rezept eine Personen- bzw. Portionenangabe.

Laktosefrei ist kein Problem

Der Handel bietet eine Vielzahl an laktosefreien Produkten an – auch Milch und Milchprodukte von Buttermilch bis Schmelzkäse. Deshalb kannst du jedes Rezept auf laktosefrei umstellen. Wichtig: Laktose kann auch „versteckt" in vielen anderen Lebensmitteln vorkommen, z. B. in Brotwaren oder in Halbfertig- und Fertiggerichten wie Kartoffelzubereitungen oder Kräutermischungen. Erkundige dich im Zweifelsfall.

Bio: Klare Richtlinien

„Bio" oder „Öko" beziehen sich in der Regel auf die Anbauweise – nicht zu verwechseln mit „vegetarisch" oder „vegan".
Kennzeichen für Bio-Produkte sind:
- Alle Zutaten stammen aus ökologischem Anbau
- Anbau, Produktion und Handel werden durch unabhängige EU-Organisationen kontrolliert und zertifiziert
- Keine Gentechnik bei Produkten und Zusatzstoffen
- In der Regel keine künstlichen Farbstoffe oder Geschmacksverstärker

Küchenhygiene ohne Kompromisse

Wer Lebensmittel verarbeitet, sollte auf seine persönliche Hygiene achten. Das heißt: Regelmäßig Hände waschen, saubere und kurze Fingernägel, Ablegen von Ringen, saubere Kleidung, bei Schnittverletzungen wasserdichte Pflaster verwenden. Alle Arbeitsgeräte sollten sauber und technisch einwandfrei sein. Wenn du diese Hygienehinweise beachtest, ist alles perfekt.

Vorrat und Handwerkszeug

Was sollte in keiner Küche fehlen?

Die Küchen-Basics
Zum Kochen benötigt man Lebensmittel, Spaß, Zeit und das richtige Handwerkszeug. Das gehört in die Grundausstattung jeder Küche:

Vorrat:
Frische Produkte
(am besten im Kühlschrank aufbewahren):
> Milch und Milcherzeugnisse, z. B. Sahne oder Crème fraîche, Käse, Butter, oder bei Bedarf Milchersatzprodukte wie Margarine, Sojasahne etc.
> Eier
> Soßen wie Mayonnaise, Senf und Ketchup
> Tomatenmark
> Hummus
> Pesto

Nährmittel (im Vorratsschrank aufbewahren):
> Nudeln
> Reis
> Kartoffeln
> Zwiebeln
> Dosen, z. B. Thunfisch, passierte Tomaten (gibt es auch im Tetra Pak), Pizza-Tomaten, Mais, Bohnen, Kichererbsen
> Speise- oder Olivenöl
> Mehl
> Zucker
> Getrocknete Kräuter, z. B. Rosmarin, Petersilie, Schnittlauch
> Gewürze, z. B. Salz, Pfeffer, Paprikapulver, Muskatnuss, Curry

Eventuell Tiefkühlprodukte
> Gemüsemischungen
> Blätterteig
> Kräuter

Küchenausstattung

> Jeweils einen großen und einen kleinen Topf, eine große und eine kleine Pfanne und eine große und eine kleine Auflaufform (solltest du keine große Pfanne oder Auflaufform besitzen, kannst du Gerichte auch auf 2 Portionen aufteilen oder dir eine große Form ausleihen)
> Schneidebretter
> Ein großes Messer zum Gemüse und Fleisch schneiden, ein kleines Schälmesser, einen Sparschäler
> Dosenöffner
> Verschiedene Küchenhelfer wie Pfannenwender, Schneebesen, Kochlöffel, Backpinsel, Mixer, Pürierstab
> Küchenwaage
> Verschiedene luftdicht verschließbare Kunststoffgefäße und/oder Glasbehältnisse
> Rührschüssel
> Messbecher
> Geschirrtücher
> Besteck, Gläser, Tassen (Becher) und Teller

So gehst du richtig mit Messern um:

> Nicht zum Körper hin arbeiten.
> Nicht nach fallenden Messern greifen.
> Nicht mit einem Messer in der Hand herumlaufen.
> Nicht das Messer mit der Schneide nach oben legen.
> Der Messergriff muss fest, sicher und angenehm in der Hand liegen.
> Hände und Messergriff müssen stets trocken sein, damit man nicht abrutscht.
> Lebensmittel stets beim Schneiden gut festhalten.
> Messer regelmäßig schärfen, das verringert die Verletzungsgefahr.

Genau messen und wiegen

Rezepte können nur dann gelingen, wenn man sich an die Zutatenliste mit den angegebenen Zutatenmengen hält. Ein Messbecher ist praktisch für Literangaben bei Flüssigkeiten, und das absolute „Must-have" ist natürlich eine Küchenwaage, die Mengen von 5 Gramm bis zu 1 oder 2 Kilogramm anzeigt. Für kleine Mengen unter 20–30 Gramm haben sich Tee- und Esslöffelangaben bewährt. Hier können die Gramm-Angaben aber etwas schwanken, da Größe und Fassungsvermögen der Löffel unterschiedlich sind: das gilt ebenso für Gläser- und Tassenangaben. Deshalb im Zweifelsfall besser nachwiegen!

Bewährt haben sich folgende Richtwerte:

- 1 Teelöffel (TL) Flüssigkeit = 5 ml (Milliliter)
- 1 Esslöffel (EL) Flüssigkeit = 10–15 ml
- 8 Esslöffel (EL) Flüssigkeit = 100–125 ml = 1 Normaltasse (z. T. randvoll)

Für Zutaten in fester oder gemahlener Konsistenz gibt es keine verbindlichen Gramm-Angaben, da jede Zutat ein unterschiedliches Eigengewicht hat. Beispielsweise wiegt 1 gestrichener (gestr.) EL Tomatenmark 12 g, dagegen wiegt 1 gestr. EL Semmelbrösel 6 g.

Die „richtige Prise"

Bei vielen Kräutern und Gewürzen reichen schon kleine Mengen, um den Gerichten ein fein würziges Aroma zu verleihen. Die folgende Übersicht zeigt die üblichen Mengeneinheiten bei Rezepten:

- 1 Prise passt zwischen Daumen und Zeigefinger.
- 1 Msp. (Messerspitze) geht genau auf die Spitze eines Messers.
- 1 gestr. (gestrichener) TL oder EL ist die Menge, die auf Tee- oder Esslöffel (mit einem Messerrücken) glatt gestrichen passt.
- 1 geh. (gehäufter) TL oder EL geht maximal auf einen Tee- oder Esslöffel.

Einkauf und Lagerung

Salmonellengefahr vermeiden:

Lebensmittel sind Naturprodukte und müssen sachgemäß behandelt werden.

- Leicht verderbliche Lebensmittel tierischer Herkunft immer im Kühlschrank (unter 7 °C) aufbewahren.
- Fisch, Geflügel, Krusten-, Schalen und Weichtiere sowie Wild immer getrennt von anderen Lebensmitteln aufbewahren.
- Gefrorenen Fisch, gefrorenes Fleisch und Geflügel so auftauen, dass das Tauwasser abfließen und andere Lebensmittel nicht verunreinigen kann. Tauwasser wegschütten.
- Fisch, Fleisch und Geflügel immer gut durchbraten. Hackfleisch noch am Tag der Herstellung (Verbrauchsdatum beachten) verbrauchen.
- In der Mikrowelle die Speisen gleichmäßig (auf mindestens 80 °C) erhitzen.
- Für Gerichte mit rohen Eiern nur Eier verwenden, die nicht älter als fünf Tage sind (Legedatum beachten!).
- Fertige Speisen innerhalb von 24 Stunden verzehren und so lange im Kühlschrank aufbewahren.

Grundregeln für den Einkauf

Vorräte checken, Einkaufszettel schreiben und möglichst ohne Hunger einkaufen. Es gibt immer Alternativen: Frische Produkte aus der Region oder schonend behandelte Tiefkühlware, Fleisch oder Fisch, Saisonprodukte oder Ganzjahresklassiker. Vertraue auf deine Sinne: Frische Ware sollte nicht nur ansprechend aussehen, sondern auch gut riechen – bei verpackten Artikeln natürlich immer auf das Mindesthaltbarkeitsdatum (MHD) achten.

Frisch auf den Tisch

Obst und Gemüse möglichst öfter in kleinen Mengen einkaufen, frisch verzehren und damit nur kurz lagern. Die meisten Obst- und Gemüsesorten bewahrst du am besten im Gemüsefach des Kühlschranks auf. Ausnahme: Kälteempfindliche Lebensmittel wie Auberginen, Bananen, Kartoffeln, Tomaten und Zitrusfrüchte besser dunkel und kühl lagern. Viele Früchte wie Äpfel, Birnen, Aprikosen und Bananen reifen nach; diese besser von anderen Lebensmitteln getrennt lagern.

Heiß und fettig

Fette und Öle sind generell empfindlich gegen Wärme, Licht, Sauerstoff und Fremdgeruch. Angebrochenes Öl deshalb stets gut verschließen und bald verbrauchen – sonst wird es ranzig. Wasserhaltige Fette wie Butter, Margarine sowie kaltgepresste Öle mit hohem Gehalt an mehrfach ungesättigten Fettsäuren (z. B. Soja- und Sonnenblumenöl) am besten kühl und dunkel lagern.

Klassiker Konservendose

Dosenprodukte enthalten trotz des Konservierens noch Mineralstoffe und Vitamine. Es entfällt aber beispielsweise bei den Hülsenfrüchten die lange Garzeit. Gegartes Dosengemüse wie Erbsen oder Mais braucht nur warm gemacht und nicht erneut aufgekocht zu werden. Nutze auch die Flüssigkeit in der Dose, z. B. als Basis für eine Sauce. Fülle Reste von Dosen zur weiteren Aufbewahrung in ein anderes Gefäß um. Stark verbeulte und beschädigte Dosen solltest du grundsätzlich nicht verwenden!

Obstgläser möglichst dunkel aufbewahren, da Licht vorhandene Vitamine zerstört.

Abgepackter Genuss
Ob Mehl, Zucker, Kaffee, Suppe, Kartoffelpüree, Backmischung und anderes – Tüten und Instantbeutel solltest du bei Zimmertemperatur, dunkel und trocken lagern. Angebrochene Tüten fest verschließen, in Plastikdosen o. Ä. aufbewahren und bald verbrauchen – vor allem Kaffee und Tee sind sehr geruchsempfindlich.

Tiefgekühlte Lebensmittel
Tiefkühlkost (TK-Ware) gehört einfach dazu und ist eine tolle Alternative zu Frischware: Vollreif geerntete Lebensmittel kommen nach kurzer Verarbeitung sofort in die Schock-Frostung, werden also auf mindestens minus 30 °C heruntergekühlt. Zwischen Feld und Kühlung liegen nur wenige Stunden. Dadurch bleiben nicht nur die Form, sondern auch Nährstoffe und Vitamine weitgehend erhalten. Außer Gemüse bieten sich auch Fleisch, Fisch oder natürlich Fertiggerichte wie Pizza für das Tiefkühlen an.

TK-Produkte sicher transportieren
Tiefkühlprodukte erst am Ende des Einkaufs in den Einkaufswagen legen; bei langem Heimweg oder sommerlichen Temperaturen besser Kühltaschen oder -boxen verwenden oder die Waren in Zeitungspapier einwickeln. Zu Hause die TK-Ware sofort ins Gefriergerät legen. Optimal: Neue TK-Ware nicht direkt neben bereits eingelagerter Ware lagern; sonst entzieht die neue Ware der älteren die Kälte. Sinnvoller Weise in separate Schubladen und Körbe oder ein Vorgefrierfach legen.

Richtig lagern ist wichtig
So machst du nichts falsch: Frischwaren wie Milch, Käse, Wurst, Fleisch oder Fisch werden bis zum Verbrauch im Kühlschrank aufbewahrt. Lebensmittel stets verpackt in den Kühlschrank legen. Ausnahme: Eingeschweißtes Gemüse wie Pilze aus der Packung nehmen (Schimmelgefahr). Unverpackte tierische und pflanzliche Lebensmittel getrennt voneinander im Kühlschrank lagern, damit keine Keime übertragen werden. Eiweißreiche Lebensmittel können eher verderben – Schalen- und Krustentiere schneller als Fisch, Fisch schneller als Fleisch.

Vegetarische und vegane Ernährung

Es gibt immer mehr Menschen, die nicht auf tierische Produkte zurückgreifen möchten. Aus diesem Grund findest du in diesem Buch einige Rezepte, die sich auch für Vegetarier und Veganer eignen.

Wer sich vegetarisch ernährt, verzichtet bewusst auf Fleisch, Geflügel, Fisch sowie Wurstwaren inklusive Rinder- und Hühnerbrühe – außerdem auf sogenannte Zusatzstoffe und Aromen auf tierischer Basis. Das ist aber nicht identisch mit der Vollwerternährung. Diese basiert auf den 10 Regeln der Deutschen Gesellschaft für Ernährung (DGE) bzw. dem Ernährungskreis und der Ernährungspyramide mit ihren sieben Lebensmittelgruppen. Dazu gehört 2–3-mal wöchentlich auch ein gelegentlicher Fleisch-, Geflügel- und Ei-Konsum.

5 Tipps für den natürlichen Genuss

1. Selbst kochen: Gerichte und Speisen möglichst selbst zubereiten (z. B. Müsli, Brotaufstriche, Salatsaucen), anstatt auf vorgefertigte Industrieprodukte (teilweise mit vielen Zusatzstoffen) zurückzugreifen.

2. Naturprodukte verwenden: Gib wenig verarbeiteten Produkten den Vorzug – also beispielsweise Naturjoghurt statt Fruchtjoghurt, Fruchtsaft statt Limonade, Vollkornmehl statt Weißmehl, Vollkornreis statt geschältem Reis. Je stärker ein Produkt verarbeitet wird, desto mehr Zusatzstoffe kann es enthalten und desto mehr wertvolle Stoffe wurden entfernt.

3. Abwechslung einbauen: Jeden Tag verschiedene Eiweißquellen einplanen: Hülsenfrüchte, Sojaprodukte, Getreide, Kartoffeln, eiweißreiche Gemüsesorten (wie Rosenkohl, Spinat, Erbsen oder Wirsing), verschiedene Keimlinge, Nüsse und Nussprodukte (auch Kokosprodukte sowie Mandeldrinks), Kerne und Samen.

4. Sparsam süßen: Statt mit Weißzucker lieber mit Voll-Rohrzucker oder Dicksaft süßen.

5. Aromen vermeiden: Selten Produkte mit Aromen oder Geschmacksverstärkern kaufen. Diese verfälschen das natürliche Geschmacksempfinden (Beispiel: „Erdbeeraroma" kann künstlich erzeugt sein und muss nicht zwangsläufig aus Erdbeeren stammen).

Was heißt eigentlich vegan?
• Veganer verzichten auf alle Lebensmittel tierischen Ursprungs. Also neben Fleisch und Fisch auch auf Milch und Milchprodukte, Eier, Gelatine und andere tierische Lebensmittel wie zum Beispiel Honig.
• Die Beweggründe beruhen meist auf einer grundsätzlichen Lebenseinstellung: Tierische Produkte (egal von welchem Nutztier) werden generell, u. a. aus Tierliebe und Respekt gegenüber dem Lebewesen, abgelehnt. Neben Lebensmitteln tragen viele Veganer auch keine Kleidung und Schuhe aus Leder und benutzen keine Kosmetik mit Inhaltsstoffen tierischer Herkunft. Der Gesundheitsfaktor sowie religiöse und Umweltaspekte sind weitere Gründe.

Vegan einkaufen
• Wo? Mittlerweile bekommst du in gut sortierten Supermärkten schon Einiges. Im Bio-, Naturkostladen und im Reformhaus ist die Auswahl allerdings größer. Immer gilt: Die Zutatenliste studieren, um sicher zu gehen, dass alle Zutaten wirklich auf pflanzlicher Basis hergestellt wurden. Auch hier ist ein umfassendes Ernährungswissen nötig, denn nicht immer ist die tierische Herkunft zu erkennen: E 120 (Echtes Karmin) ist zum Beispiel ein roter Farbstoff, der aus Schildläusen gewonnen wird. Mittlerweile erleichtern viele Hersteller ihren Kunden den Einkauf, indem sie ihre Produkte als vegane Kost kennzeichnen.
• Wie? Wie für alle anderen Ernährungsformen auch gilt: Wer vielfältig einkauft, sorgt für den besten Nährstoff-Mix. Jedoch sollten besonders Veganer ihre Ernährung immer ganz genau im Auge haben, das bedeutet unter anderem sehr bewusst einzukaufen und sich Zeit dafür zu nehmen.
• Was? Viele Veganer greifen auf industriell gefertigte vegane Produkte zurück. Hier wird die Auswahl immer vielfältiger. Von Hafersahne, Sojamilch über vegane Schokolade bis zum veganen Würstchen oder Schnitzel in der Tofuversion gibt es alles, was das Herz begehrt. Neben Sojaprodukten als Fleischersatz schwören viele Veganer auf Seitan. Er wird durch das Auswaschen der Stärke aus Weizen gewonnen, kann natur oder paniert gebraten, gekocht oder frittiert werden. Seitan bekommt man in vielen Bioläden oder im Online-Versand. Er kann aber auch selbst hergestellt werden. Unter den Veganern gibt es jedoch solche, die industriell gefertigte Produkte ablehnen und nur Nahrungsmittel verwenden, wie sie in der Natur vorkommen.

Wichtig:
Die vegane Ernährung ist nach der Empfehlung der Deutschen Gesellschaft für Ernährung (DGE) nur für gesunde Erwachsene als dauerhafte Ernährungsweise geeignet, unter der Voraussetzung, dass sie sich unbedingt detaillierte Ernährungskenntnisse aneignen. Denn durch diese Ernährungsform kann es zu einer Nährstoffunterversorgung, z. B. von Vitamin B12 und Eisen, kommen. Solltest du dich vegan ernähren wollten, solltest du das unbedingt mit deinem Hausarzt besprechen und dich regelmäßig durchchecken lassen, um möglichen Mangelerscheinungen frühzeitig entgegenwirken zu können. Schwangere und Stillende, Kinder sowie ältere Menschen sollten sich möglichst nicht vegan ernähren.

Pannenhilfe

Jeder hat schon einmal beim Kochen gefühlte Katastrophen erlebt. Meistens gibt es aber eine einfache Lösung, um doch noch das gewünschte Ergebnis erzielen und genießen zu können. Im Folgenden findest du einige Tipps, die dir das Leben einfacher machen:

Angebranntes in Töpfen und Pfannen
Speisereste grob entfernen, den Topf mit Wasser füllen, einen Teelöffel Spülmittel oder Salz mit Essig zufügen und alles so lange köcheln lassen, bis sich die Reste vom Boden lösen. Danach mit Wasser ausspülen. Oder das Angebrannte in Topf oder Pfanne mit Zitronensaft und Backpulver über Nacht einweichen lassen und am nächsten Tag ausspülen. Wichtig: Pfannen nie (!) mit einem Messer auskratzen, da sonst die Beschichtung zerstört wird.

Angebrannte Speisen
Auf keinen Fall mehr gründlich umrühren – sonst wird das Angebrannte im Topf verteilt. Stattdessen vorsichtig von oben so viel wie möglich abnehmen und in einem sauberen Topf zu Ende garen.

Klebrige Nudeln
Wenn die Nudeln nach dem Kochen zusammenkleben, kann man es beim nächsten Mal besser machen: Immer wieder umrühren und das richtige „Mischungsverhältnis" von 1 l Wasser für jeweils 100 g Nudeln nehmen. Übrigens: Öl im Nudelwasser verhindert das Zusammenkleben nicht, sondern schwimmt nur an der Oberfläche.

Körniger Reis
Etwas Wasser zugießen und zugedeckt weiter ausquellen lassen, bis die Reiskörner gar sind. Das Wasser möglichst nicht unterrühren, sonst brennt der Reis leicht an.

Rutschende Rührschüssel
Sie hat bestimmt keinen Gummiring an der Unterseite. Lege beim Rühren von Süßspeisen oder anderen Gerichten ein feuchtes Tuch unter die Schüssel, um ein Rutschen zu vermeiden.

Vorsicht:

Angeschimmeltes Obst und Gemüse bilden Schimmelpilzgifte und müssen entsorgt werden!

Tipp:

Bei braunen Obst- und Gemüsescheiben hilft was Zitronensaft. Empfindliche Zutaten wie rohen Sellerie, Apfel oder Banane solltest du entweder direkt damit beträufeln, damit diese nicht an der Luft braun werden. Oder die Zutaten sofort mit der Salatsauce vermengen – dann verfärben sie sich auch nicht.

Unansehnlicher Salat
Nur trockene Salatblätter behalten ihre Form und Knackigkeit. Sobald sie nass sind, werden sie schnell matschig und welk. Deshalb Salat immer gut abtropfen lassen oder vorsichtig trocken schleudern. Aufpassen: Wer zu viel Salat auf einmal in die Salatschleuder füllt, zerquetscht die Blätter. Das kann auch passieren, wenn man zu kleine Schüsseln beim Anmachen von Salat und Dressing verwendet. Zarte und empfindliche Blattsalate erst kurz vor dem Servieren anmachen.

Verkochte Kartoffeln
Zu lange gekochte Kartoffeln lassen sich schnell mit dem Kartoffelstamper zerstampfen und können als Püree serviert werden. Auch lecker!

Verkochtes Gemüse
Kein Problem. Verkochtes Gemüse abtropfen lassen und in Brühe fein pürieren. Fertig ist die Gemüsecremesuppe.

Versalzene Suppe
Kein Drama: Eine rohe geschälte Kartoffel entweder ganz oder geraspelt etwa 15 Minuten mitkochen lassen – so wird das Salz gebunden. Alternative: Die Suppe mit etwas Wasser verlängern oder etwas Sahne unterrühren. Wenn sehr viel Salz in die Suppe geraten ist, hilft nichts mehr: Entsorgen und neu kochen!

Weiche Nudeln
Wenn man „al dente" verpasst hat, kann aus den gekochten Nudeln noch ein Pfannengericht zubereitet werden! Die weichen Nudeln mit kaltem Wasser abschrecken, abtropfen lassen, mit verschlagenen Eiern verrühren und in einer Pfanne mit etwas Fett knusprig anbraten.

Zerplatzes Ei
Wenn ein Ei beim Kochen platzt, muss es schnell gehen: Sofort einen Schuss Essig ins Wasser gießen, dann wird das ausfließende Eiweiß gebunden.

Zu scharf?
Suppen, Currys oder anderen Gerichten kann man die Schärfe wirkungsvoll durch die Zugabe von Milchprodukten wie Crème fraîche, Joghurt, Milch oder saurer Sahne nehmen. Sie mildern das „Feuer", ohne den typischen Geschmack zu verfälschen.

FRÜHSTÜCK
Das schmeckt nicht nur morgens

Breakfast-Drinks

Zubereitungszeit:
10 Minuten pro Drink
Vegan

Zutaten für je 1 Portion
(200–250 ml)

Für Orangen-Bananen-Saft mit Kiwi:
½ Banane
1 Kiwi
125 ml Orangensaft
(von 1 großen Orange)
evtl. 1–2 Eiswürfel

Pro Portion:
E: 2 g, F: 1 g, Kh: 25 g, kcal: 123

Für Erdbeer-Mandelmilch-Smoothie:
100 g frische Erdbeeren
100 ml kalte Mandelmilch
(aus dem Reformhaus)
1 TL Voll-Rohrzucker
1 EL Zitronensaft
gem. Zimt

Pro Portion:
E: 2 g, F: 3 g, Kh: 16 g, kcal: 99

Für Petersilien-Sojamilch-Smoothie:
½ Bund Petersilie
100 g Salatgurke
100 ml kalte Sojamilch
Salz
gem. Pfeffer
Kreuzkümmel (Cumin)

Pro Portion:
E: 4 g, F: 2 g, Kh: 4 g, kcal: 51

1 Für den Orangen-Bananen-Saft mit Kiwi (im Foto oben) Banane und Kiwi schälen, beides in Stücke schneiden. Bananen- und Kiwistücke mit dem Orangensaft in einem Rührbecher so lange pürieren, bis ein farblich einheitlicher Drink entsteht. Nach Belieben die Eiswürfel in ein Glas geben und mit dem Drink auffüllen.

2 Für den Erdbeer-Mandelmilch-Smoothie (im Foto rechts unten) Erdbeeren abspülen, gut abtropfen lassen und entstielen. Die Mandelmilch mit Zucker, Zitronensaft, etwas Zimt und den Erdbeeren in einen Rührbecher geben und alles kurz pürieren. Smoothie in ein Glas gießen.

3 Für den Petersilien-Sojamilch-Smoothie (im Foto links unten) Petersilie abspülen, trocken tupfen und die Blättchen von den Stängeln zupfen. Gurke abspülen, trocken tupfen und nach Belieben schälen. Von der Salatgurke das Ende abschneiden, Gurke in Scheiben schneiden. Milch mit Salz, Pfeffer, Kreuzkümmel, Petersilie und Gurkenscheiben in einen Rührbecher geben und alles kurz pürieren. Smoothie in ein Glas füllen.

Für einen Mango-Reismilch-Smoothie ½ Banane schälen und das Fruchtfleisch in Scheiben schneiden. 75 g Mango-Fruchtfleisch in Stücke schneiden. 100 ml kalten Reisdrink mit ½–1 Esslöffel Zitronensaft, Bananenscheiben und Mangostücken in einem Rührbecher kurz pürieren.

Oder lieber richtig schön gelb? Dann bereite doch einen Paprika-Mandelmilch-Smoothie zu. Dafür ½ Paprikaschote entstielen, entkernen und die weißen Scheidewände entfernen. Paprikahälfte in Stücke schneiden. 1 gelbe Tomate abspülen, trocken tupfen, vierteln und den Stängelansatz herausschneiden. 100 ml Mandelmilch mit Salz, Pfeffer, einigen getrockneten, italienischen Kräutern sowie Paprikastücken und Tomatenvierteln in einen Rührbecher geben und alles kurz pürieren.

Chia-Frühstück mit Erdbeer-Bananen-Salat

1 Zum Vorbereiten die Chia-Samen mit dem Mandeldrink in eine Schale geben und sorgfältig verrühren, bis alles gleichmäßig vermischt ist. Die Zutaten mit Frischhaltefolie zugedeckt mindestens 20 Minuten – am besten über Nacht – quellen lassen.

2 Für den Erdbeer-Bananen-Salat kurz vor dem Anrichten die Erdbeeren abspülen, sehr gut abtropfen lassen und entstielen. Erdbeeren in mundgerechte Stücke schneiden. Minze abspülen und trocken tupfen.

3 Die Erdbeerstückchen mit dem Zitronensaft in einer Schale mischen. Banane schälen, längs halbieren und in Scheiben schneiden. Die Bananenscheiben mit den Erdbeerstückchen vermischen.

4 Das Chia-Frühstück in Gläsern anrichten, den Erdbeer-Bananen-Salat daraufgeben und mit der Minze garnieren.

Du kannst den gesüßten Mandeldrink durch gesüßten Reis- oder Kokosdrink ersetzen. Die Erdbeeren lassen sich durch andere Früchte der Saison austauschen, z. B. Himbeeren, Heidelbeeren, Orangen oder Melonen. Du kannst die Minzeblättchen auch von den Stängeln zupfen, fein schneiden und mit dem Zitronensaft unter den Salat mischen.

Zubereitungszeit:
10 Minuten

Quellzeit:
mindestens 20 Minuten, am besten über Nacht
Vegan

Zutaten für 2 Portionen

Zum Vorbereiten:
30 g Chia-Samen (Reformhaus, Naturkostladen oder online)
250 ml Mandeldrink, gesüßt

Für den Erdbeer-Bananen-Salat:
300–400 g Erdbeeren
etwas frische Minze
1–2 EL Zitronensaft
1 kleine Banane (etwa 130 g)

Pro Portion:
E: 7 g, F: 8 g, Kh: 28 g, kcal: 248

Crunch-Müsli-Wochenvorrat

Zubereitungszeit:
30 Minuten, ohne Abkühlzeit
Vegan

Zutaten für 10 Portionen
(etwa 530 g)
25 g gehackte Mandeln oder Haselnusskerne
50 g Sonnenblumenkerne
25 g Kürbiskerne
50 g Leinsamen
50 g Sesamsamen
250 g 4-Korn-Flocken, z. B. aus Hafer, Dinkel, Gerste und Roggen
75 ml Agavendicksaft
50 g Rosinen

Pro Portion:
E: 8 g, F: 9 g, Kh: 28 g, kcal: 223

1 Mandeln oder Nusskerne mit Sonnenblumenkernen, Kürbiskernen, Leinsamen und Sesamsamen in einer großen Pfanne ohne Fett unter gelegentlichem Wenden bei mittlerer Hitze goldbraun rösten. Anschließend auf einen Teller geben und beiseitestellen.

2 4-Korn-Flocken in die heiße Pfanne geben und ebenso unter gelegentlichem Wenden rösten.

3 Die Nusskernmischung zurück zu den 4-Korn-Flocken in die Pfanne geben. Agavendicksaft hinzugeben und alles bei schwacher Hitze in 2–3 Minuten karamellisieren lassen, dabei gelegentlich umrühren. Die Pfanne von der Kochstelle nehmen. Das Müsli etwas abkühlen lassen.

4 Das Crunch-Müsli mit den Rosinen mischen und vollständig in der Pfanne erkalten lassen.

Das Crunch-Müsli am besten in einer luftdicht verschlossenen Dose oder einem Glas trocken, kühl und dunkel aufbewahren.
Wer lieber im Backofen rösten möchte, heizt diesen zunächst vor (Ober-/Unterhitze: etwa 180°C, Heißluft: etwa 160 °C). Die Nüsse, Kerne und Samen mit dem Agavendicksaft und etwa 75 ml Wasser vermischen und auf einem Backblech verteilen. Das Backblech in den vorgeheizten Backofen schieben und die Masse etwa 30 Minuten rösten. Dabei die Masse zwischendurch von außen nach innen 2–3-mal umrühren. Wichtig: Bei Ober-/Unterhitze muss die Backofentür einen Spalt breit offen bleiben, damit das Wasser entweichen kann! Das im Backofen zubereitete Müsli wird etwas dunkler als das aus der Pfanne.

Frühstück

Erdbeer-Minz-Konfitüre (im Foto rechts mittig)

1 Erdbeeren klein schneiden, in einen hohen Rührbecher geben und pürieren. Minze oder Melisse abspülen, trocken tupfen und die Blättchen von den -Stängeln zupfen. Blättchen in feine Streifen schneiden. Erdbeerpüree mit Zitronensaft in einem großen Topf mit dem Gelierzucker gut verrühren. Alles unter Rühren bei starker Hitze zum Kochen bringen und nach Packungsanleitung etwa 4 Minuten sprudelnd kochen lassen. Die Kräuterstreifen hinzufügen und noch etwa 1 Minute unter ständigem Rühren sprudelnd kochen lassen.

2 Topf von der Kochstelle nehmen. Erdbeermasse sofort randvoll in die vorbereiteten Gläser füllen. Gläser mit Deckeln verschließen, umdrehen und etwa 5 Minuten auf den Deckeln stehen lassen.

3 Anschließend die Gläser während des Erkaltens gelegentlich umdrehen, damit sich die Kräuterstreifen gut verteilen.

Zubereitungszeit (Erdbeer-Minz-Konfitüre):
15 Minuten
Vegan

Zutaten für 4 Gläser (je etwa 200 ml Inhalt)
450 g Erdbeeren (vorbereitet gewogen)
2–3 Stängel Minze oder Zitronenmelisse
Saft von 1 Zitrone
450 g Gelierzucker 1:1

Zusätzlich:
4 Gläser mit Twist-off-Deckeln® (je 200 ml Inhalt)
sauberes Küchenhandtuch

Pro Glas:
E: 1 g, F: 0 g, Kh: 117 g, kcal: 485

Dattel-Nuss-Creme
(im Foto unten)

1 Die Datteln fein hacken. Erdnusskerne etwas gröber als die Datteln hacken. Milch mit Carobpulver kräftig verrühren, bis eine homogene Masse entsteht.

2 Banane mit einer Gabel fein zermusen. Mus mit Datteln, Erdnusskernen und der Milchmasse kräftig verrühren. Die Creme in ein Glas füllen. Das Glas mit dem Deckel gut verschließen und zum Aufbewahren kalt stellen.

Das Carobpulver verleiht der Dattel-Nuss-Creme den kakaoähnlichen Geschmack und das dunklere Aussehen. Es kann durch Johannisbrotkernmehl ersetzt werden.

Zubereitungszeit (Dattel-Nuss-Creme):
15 Minuten
Vegan

Zutaten für 1 Glas (etwa 200 ml Inhalt)
125 g getrocknete Datteln
50 g ungesalzene, geröstete Erdnusskerne
3 EL Sojamilch (zimmerwarm)
1 EL Carobpulver (aus Reformhaus oder Naturkostladen)
100 g Banane (vorbereitet gewogen)

Insgesamt:
E: 20 g, F: 28 g, Kh: 114 g, kcal: 795

French Toast

Zubereitungszeit:
etwa 20 Minuten

Zutaten für 2 Portionen
2 Äpfel, z. B. Gala
1 EL Zitronensaft
1 TL gem. Zimt
1 Pck. Bourbon-Vanille-Zucker
2 Eier (Größe M)
100 ml Milch (3,5 % Fett)
1 Prise Salz
4 Scheiben Rosinenbrot
(Rosinenstuten)
40 g Butter
½ EL flüssiger Honig
etwas Puderzucker
zum Bestäuben

Pro Portion:
E: 6 g, F: 24 g, Kh: 56 g, kcal: 163

1 Die Äpfel schälen, vierteln, entkernen und in Spalten schneiden. Apfelspalten mit Zitronensaft, Zimt und Vanille-Zucker vermischen.

2 Die Eier mit der Milch in einem weiten Gefäß verschlagen, mit Salz würzen. Die Brotscheiben darin von jeder Seite gründlich eintauchen.

3 Von der Butter etwa 20 g in einer großen Pfanne zerlassen. Die Apfelspalten darin bei starker Hitze rundherum goldbraun braten. Die restliche Butter in einer zweiten Pfanne bei mittlerer Hitze zerlassen. Die Brotscheiben darin von jeder Seite etwa 2 Minuten goldbraun braten und herausnehmen.

4 French Toast mit den gebratenen Apfelspalten belegen, mit Honig beträufeln und dick mit Puderzucker bestäuben.

Anstelle der Äpfel kann auch eine Beerenmischung (etwa 300 g) verwendet werden.

Für **Arme Ritter** 50 ml Milch mit 1 Ei und 1 Esslöffel Zucker verschlagen. 4 Scheiben Kastenweißbrot (je etwa 1 ½ cm dick, 2–5 Tage alt) in eine Schale legen, mit der Eiermilch übergießen und einweichen lassen (dabei 1–2-mal vorsichtig wenden), bis die Milch aufgesogen ist (die Scheiben dürfen aber nicht zu weich werden). 4 Esslöffel Speiseöl in einer Pfanne erhitzen. Die Brotscheiben darin portionsweise bei mittlerer Hitze von beiden Seiten etwa 8 Minuten knusprig braun braten. Die Armen Ritter heiß servieren.

Frischkäse-Pesto-Aufstrich (im Foto unten)

1 Pinienkerne in einer Pfanne ohne Fett unter Wenden goldbraun rösten, auf einen Teller geben und erkalten lassen. Tomaten in kleine Stücke schneiden.

2 Basilikum abspülen, trocken tupfen und die Blättchen von den Stängeln zupfen. Blättchen in feine Streifen schneiden. Pinienkerne fein hacken.

3 Beide Frischkäsesorten in eine Schüssel geben. Pesto, Pinienkerne, Tomatenstücke und Basilikumstreifen hinzufügen. Die Zutaten gut verrühren, mit Salz und Pfeffer abschmecken.

4 Frischkäse-Pesto-Aufstrich in gut gereinigte, gespülte und getrocknete Gläser füllen und mit Deckeln fest verschließen, bis zum Verzehr im Kühlschrank aufbewahren.

Zubereitungszeit:
20 Minuten, ohne Abkühlzeit

Zutaten für etwa 500 g
(etwa 20 Portionen)
30 g Pinienkerne
50 g abgetropfte, getrocknete Tomaten in Öl
4 Stängel Basilikum
200 g Doppelrahm-Frischkäse
200 g Ziegenfrischkäse
etwa 50 g rotes Pesto
(aus dem Glas)
Salz
gem. weißer Pfeffer

Pro Portion:
E: 3 g, F: 8 g, Kh: 1 g, kcal: 90

Frühlingszwiebelaufstrich (im Foto oben)

1 Frühlingszwiebeln putzen, abspülen und abtropfen lassen. Frühlingszwiebeln fein hacken. Schnittlauch abspülen, mit Küchenpapier gut trocken tupfen und in feine Röllchen schneiden.

2 Quark mit Frischkäse und Crème fraîche in eine Schüssel geben und zu einer cremigen Masse verrühren. Gehackte Frühlingszwiebeln, Schnittlauchröllchen und gemischte Kräuter hinzufügen und unterrühren. Den Aufstrich mit Salz und Pfeffer würzen.

3 Den Aufstrich in gut gereinigte Gläser füllen, mit Deckeln verschließen und in den Kühlschrank stellen.

Gut verschlossen sind beide Aufstriche im Kühlschrank 2–3 Tage haltbar.

Zubereitungszeit:
15 Minuten

Zutaten für etwa 500 g
(etwa 20 Portionen)
1 Bund Frühlingszwiebeln
1 Bund Schnittlauch
250 g Magerquark
200 g Doppelrahm-Frischkäse
2 EL Crème fraîche
2 EL klein geschnittene, gemischte Kräuter
Salz
gem. weißer Pfeffer

Pro Portion:
E: 3 g, F: 4 g, Kh: 2 g, kcal: 55

Fruchtmüsli-Variationen

Zubereitungszeit
je 10 Minuten
Einweichzeit für das
Erdbeer-Apfel-Müsli:
am besten über Nacht
(mind. 8 Stunden)

**Zutaten für 1 Portion
Brombeermüsli mit
Haferflocken (im Foto rechts):**
100 g Brombeeren
1 kleiner Apfel (etwa 100 g)
100 g Soja-Joghurt mit Zitrone
1 TL flüssiger Honig
1 TL Sonnenblumenkerne (5 g)
2 geh. EL kernige Haferflocken
(etwa 30 g)

Pro Portion:
E: 9 g, F: 7 g, Kh: 48 g, kcal: 300

**Zutaten für 1 Portion
Erdbeer-Apfel-Müsli
(im Foto links):**

Zum Vorbereiten:
30 g grob geschroteter Weizen
(aus dem Bioladen)
80 ml Apfelsaft

1 kleiner Apfel (etwa 100 g)
100 g Erdbeeren

Pro Portion:
E: 5 g, F: 1 g, Kh: 45 g, kcal: 215

1 Für das **Brombeermüsli** die Brombeeren evtl. entstielen, vorsichtig abspülen und trocken tupfen. Apfel abspülen, abtrocknen, vierteln und entkernen. Die Apfelviertel mit der Schale auf der Haushaltsreibe grob raspeln.

2 Die Brombeeren mit Apfelraspeln, Joghurt, Honig, Sonnenblumenkernen und Haferflocken in einer Schale vermischen. Das Brombeermüsli anrichten und servieren.

3 Für das **Erdbeer-Apfel-Müsli** am Vorabend des Frühstücks zum Vorbereiten den Weizen in einer Schüssel mit dem Apfelsaft gut bedecken und über Nacht (mind. 8 Stunden) zugedeckt im Kühlschrank einweichen.

4 Am Frühstücksmorgen den Apfel abspülen, abtrocknen, vierteln und entkernen. Die Apfelviertel mit der Schale zuerst in Spalten und dann in kleine Stücke schneiden.

5 Die Erdbeeren abspülen, trocken tupfen und entstielen. Die Erdbeeren klein schneiden.

6 Apfel- und Erdbeerstücke unter den eingeweichten Weizen mischen. Das Erdbeer-Apfel-Müsli anrichten und servieren.

Als Topping eignet sich für das Brombeermüsli ½ Teelöffel Chia-Samen oder geschroteter Leinsamen. Wer es bunter mag, streut 1 Teelöffel getrocknete Cranberrys oder Goji-Beeren über das Müsli.
Das Erdbeer-Apfel-Müsli kann zusätzlich mit ½ Teelöffel Sesamsamen bestreut werden.
Noch nussiger wird es, wenn du den Sesamsamen zuvor in einer Pfanne ohne Fett kurz anröstest.

Frühstücks-Burger

1 Die Fladenbrötchen zum Aufbacken nach Packungsanleitung aufbacken und abkühlen lassen. Die Brötchen waagerecht halbieren.

2 Zum Bestreichen Frischkäse mit Senf oder Meerrettich verrühren. Die Frischkäsemasse mit Salz und Pfeffer würzen. Die unteren Brötchenhälften damit bestreichen.

3 Für den Belag Radicchio und Sprossen abspülen und trocken tupfen. Radicchio in feine Streifen schneiden.

4 Für die Burger beide Sorten Sesamsamen in einem tiefen Teller mischen. Die Lachsscheiben von beiden Seiten in der Samenmischung wenden.

5 Sesam-Lachsscheiben, Radicchiostreifen und Sprossen auf den Brötchenhälften verteilen und mit den oberen Brötchenhälften belegen.

👨‍🍳 Statt Vinschgauer-Fladenbrötchen schmecken auch frische Roggen- oder Sauerteigbrötchen oder Finnbrötchen (Roggenmisch-Toastbrötchen).
Belege die Brötchen nicht mit Lachs, sondern mit Hähnchen. Dafür 2 dünne Scheiben Hähnchenbrustfilet (je etwa 100 g) mit Salz und Pfeffer würzen und in den Sesamsamen wenden. ½ Teelöffel Sonnenblumenöl in einer Pfanne erhitzen. Die Hähnchenbrustfilets darin bei mittlerer Hitze von beiden Seiten 2–3 Minuten knusprig braun braten.

Zubereitungszeit:
10 Minuten, ohne Abkühlzeit

Zutaten für 2 Portionen
2 große Vinschgauer-Fladenbrötchen (vom Bäcker) oder 4 Mini-Vinschgauer-Fladenbrötchen (zum Aufbacken)

Zum Bestreichen:
120 g körniger Frischkäse (0,8 % Fett)
½ TL milder Senf oder Meerrettich (aus dem Glas)
Salz
gem. Pfeffer

Für den Belag:
2–4 Blätter Radicchio
2 EL Alfalfa- oder Radieschen-Sprossen

Für die Burger:
2 EL helle, geschälte Sesamsamen
½ TL schwarze Sesamsamen
2 große oder 4 kleine Scheiben Räucherlachs (80–100 g)

Pro Portion:
E: 29 g, F: 16 g, Kh: 47 g, kcal: 446

Frühstücks-Scones mit Ziegenfrischkäse

Zubereitungszeit:
15 Minuten, ohne Abkühlzeit
Backzeit: 17–20 Minuten

Zutaten für 8 Stück
Für die Scones:
175 g dunkles Weizenmehl (Type 1050)
25 g blütenzarte Haferflocken
2 ½ gestr. TL Backpulver
½ gestr. TL Salz
1 Prise Zucker
50 g kalte Butter
125 g Buttermilch

1 Eigelb
1 TL Wasser
2 EL kernige Haferflocken

Für den Ziegenfrischkäse:
200 g Frischkäse mit mildem Ziegenkäse (17 % Fett)
1 kleiner Stängel oder ½ TL gerebelter Rosmarin
2–3 frische Aprikosen oder 30 g getrocknete Soft-Aprikosen
½ TL flüssiger Honig
gem. Pfeffer
4–5 Stängel frische Kräuter (z. B. Basilikum, Dill, Petersilie, Kerbel)
20 g getrocknete Soft-Tomaten
evtl. ½ Knoblauchzehe

Pro Stück:
E: 7 g, F: 11 g, Kh: 22 g, kcal: 225

1 Den Backofen vorheizen.
Ober-/Unterhitze: etwa 180 °C
Heißluft: etwa 160 °C

2 Für die Scones Mehl mit Haferflocken, Backpulver, Salz und Zucker in einer Rührschüssel mischen. Butter in kleinen Stückchen hinzugeben und mit den Händen unter die Mehlmischung arbeiten. Buttermilch hinzugießen. Die Zutaten mit einem Mixer (Knethaken) zunächst kurz auf niedrigster, dann auf höchster Stufe zügig zu einem glatten Teig verkneten.

3 Den Teig auf der leicht bemehlten Arbeitsfläche etwa 2 cm dick zu einem Rechteck (20 x 10 cm) ausrollen, in 8 gleich große Dreiecke schneiden. Scones auf ein Backblech (mit Backpapier belegt) legen. Eigelb mit Wasser verschlagen. Die Scones damit bestreichen und mit Haferflocken bestreuen. Das Backblech in den vorgeheizten Backofen schieben. Die Scones 17–20 Minuten backen.

4 Für den Ziegenfrischkäse in der Zwischenzeit Frischkäse glatt rühren, in 2 gleich große Portionen teilen. Frischen Rosmarin abspülen, trocken tupfen. Die Nadeln von dem Stängel zupfen und fein hacken. Frische Aprikosen abspülen, abtrocknen, halbieren und entsteinen. Aprikosen klein schneiden. Rosmarin, Honig und Pfeffer unter eine Portion Frischkäse rühren. Anschließend die Aprikosen kurz unterrühren.

5 Kräuter abspülen, trocken tupfen und die Blättchen bzw. Spitzen von den Stängeln zupfen. Blättchen klein schneiden. Tomaten ebenfalls klein schneiden. Kräuter und Tomaten unter den restlichen Frischkäse rühren. Nach Belieben Knoblauch abziehen, durch eine Knoblauchpresse dazupressen und unterrühren, mit Pfeffer abschmecken.

6 Die fertig gebackenen Scones mit dem Backpapier vom Backblech auf einen Kuchenrost ziehen, etwas abkühlen lassen. Die Scones mit dem Frischkäse servieren.

New England Breakfast Toast

1 Zum Vorbereiten die Pekannusskerne in einer Pfanne ohne Fett unter Wenden goldbraun rösten, bis sie anfangen zu duften. Nusskerne auf einen Teller geben und erkalten lassen.

2 Für den Chicorée-Salat Sweetie oder Grapefruit schälen, dann die einzelnen Fruchtspalten lösen und jeweils das Fruchtfleisch aus den Schalen lösen. Fruchtfleisch in Stücke schneiden.

3 Joghurt mit Salz und Pfeffer verrühren. Sweetie- oder Grapefruitstücke unterheben. Chicorée putzen, längs halbieren, abspülen, abtropfen lassen und den Strunk keilförmig herausschneiden. Chicorée in feine Streifen schneiden und unter den Joghurt mischen, mit Pfeffer und evtl. noch etwas Salz abschmecken.

4 Cranberrys und geröstete Nüsse klein hacken und mischen. Das Toastbrot im Toaster knusprig rösten und etwas abkühlen lassen.

5 Toastscheiben nach Belieben halbieren, mit dem fruchtigen Chicorée-Salat belegen. Die Putenbrustscheiben darauf anrichten, mit der Cranberry-Nuss-Mischung bestreuen und mit abgespülten, trocken getupften und grob geschnittenen Schnittlauchröllchen garnieren.

♟ Statt Cranberrys schmecken auch getrocknete Kirschen oder Rosinen.
Die Pekannusskerne können durch andere Nusssorten oder durch Mandeln ersetzt werden.
Bereite den fruchtigen Chicorée-Salat statt mit Sweetie oder Grapefruit mit Orangen zu.

Zubereitungszeit:
15 Minuten, ohne Abkühlzeit

Zutaten für 2 Portionen
Zum Vorbereiten:
6 Pekannusskernhälften

Für den fruchtigen Chicorée-Salat:
1 kleine Sweetie oder rosa Grapefruit
75 g Joghurt (3,5 % Fett)
Salz
gem. Pfeffer
150 g Chicorée

Zusätzlich:
1 EL getrocknete Cranberrys
4 Scheiben Vollkorn-Sandwich-Toastbrot
8 hauchdünne Scheiben geräucherte Putenbrust
etwas vorbereiteter Schnittlauch zum Garnieren

Pro Portion:
E: 16 g, F: 9 g, Kh: 40 g, kcal: 335

Overnight Oats mit Banane (im Foto hinten)

Zubereitungszeit:
15 Minuten
Kühlzeit: über Nacht

Zutaten für 1 Portion
300 ml Milch (3,5 % Fett)
1 EL gesiebtes Kakaopulver
1–2 TL flüssiger Honig
60 g Haferflocken, blütenzart
1 kleine Banane
1 EL Erdnussbutter

Pro Portion:
E: 23 g, F: 22 g, Kh: 76 g, kcal: 622

1 Milch in einem Topf leicht erwärmen, Kakao und Honig mit einem Schneebesen unterrühren.

2 Haferflocken in ein Glas füllen. Die Milch hinzugießen und beides gut verrühren. Das Glas mit der Haferflockenmilch zugedeckt im Kühlschrank über Nacht kalt stellen.

3 Am nächsten Morgen die Banane schälen und in Scheiben schneiden. Banane zusammen mit der Erdnussbutter auf den Overnight Oats verteilen.

Toll schmecken die Overnight Oats je nach Saison auch mit vorbereiteten Heidelbeeren, Erdbeeren, Himbeeren (im Foto vorne) oder Aprikosen.
Du kannst die Overnight Oats warm (aufgewärmt) oder kalt genießen.
In einem gut schließenden Gefäß halten sich die Oats etwa 4 Tage im Kühlschrank, das heißt, du kannst theoretisch auch eine größere Menge der Grundmasse vorbereiten und später das Obst hinzufügen.

Paprika-Quark-Brot

Zubereitungszeit:
etwa 5 Minuten

Zutaten für 1 Portion
½ kleine, rote Paprikaschote
1 EL Schnittlauchröllchen
100 g Paprika- oder
Chili-Quark
2 Scheiben Vollkornbrot
1 TL Sonnenblumenkerne

Pro Portion:
E: 17 g, F: 13 g, Kh: 47 g, kcal: 379

1 Paprikahälfte entstielen, entkernen und die weißen Scheidewände entfernen. Paprika abspülen, abtropfen lassen und fein würfeln. 1 Teelöffel zum Garnieren beiseitelegen.

2 Paprikawürfel und Schnittlauchröllchen mit dem Quark verrühren, auf den Brotscheiben verteilen. Die Brote mit den beiseitegelegten Paprikawürfeln und Sonnenblumenkernen bestreuen und genießen.

Für selbst gemachten **Paprika- oder Chiliquark** 100 g Magerquark mit ½–1 Esslöffel Milch verrühren. Den Quark mit Paprikapulver oder Chili und etwas Salz und Pfeffer abschmecken.

Für eine **Vollkorn-Stulle** 1 Esslöffel gehobelte Haselnusskerne in einer Pfanne ohne Fett unter Wenden goldbraun rösten und auf einem Teller erkalten lassen. 4 getrocknete Soft-Feigen in dünne Scheibchen schneiden. 4 Basilikumblättchen abspülen, trocken tupfen und grob zerschneiden. 4 Scheiben Körner-Schwarzbrot mit 100 g Ziegenfrischkäse bestreichen und mit gemahlenem schwarzen Pfeffer bestreuen. ½ Birne (etwa 50 g) heiß abwaschen, abtrocknen, halbieren und entkernen. Birne mit Schale in Streifen schneiden. Die Birnenstreifen mit 1 Teelöffel Zitronensaft beträufeln. Die Birnenstreifen mit den Feigen, Haselnusskernen und dem Basilikum auf dem Frischkäse verteilen. Jeweils 2 belegte Brotscheiben aufeinanderlegen und die Brote evtl. halbieren.

Porridge-Variationen

Zubereitungszeit:
5 Minuten, ohne Quellzeit
Vegan

Zutaten für 2 Portionen
Für das Mandeldrink-Porridge
(im Foto oben):
6 geh. EL kernige Haferflocken
(etwa 30 g)
500 ml kaltes Wasser
2 Gewürznelken
2 Prisen Salz
1 EL Voll-Rohrzucker
(etwa 10 g)
200 ml Mandeldrink

Pro Portion:
E: 5 g, F: 5 g, Kh: 26 g, kcal: 178

1 Für das Mandeldrink-Porridge Haferflocken, Wasser, Gewürznelken und Salz in einem Topf unter Rühren zum Kochen bringen. Anschließend die Haferflocken zugedeckt etwa 10 Minuten bei schwacher Hitze quellen lassen, dabei gelegentlich umrühren.

2 Den Topf von der Kochstelle nehmen. Gewürznelken entfernen. Den Zucker unterrühren. Porridge z. B. in 2 Müslischalen füllen. Den Mandeldrink in dem ausgespülten Topf erwärmen und darübergießen. Porridge servieren.

Für ein **Beeren-Porridge** (2 Portionen, im Foto unten) 6 gehäufte Esslöffel Haferflocken, 500 ml kaltes Wasser, 2 Gewürznelken und 2 Teelöffel Bourbon-Vanille-Zucker in einem Topf unter Rühren zum Kochen bringen. Die Haferflocken zugedeckt etwa 10 Minuten bei schwacher Hitze quellen lassen, dabei gelegentlich umrühren. Inzwischen 300 g gemischte Beeren (z. B. Erdbeeren, Brombeeren, Heidelbeeren) verlesen, entstielen, abspülen und mit Küchenpapier vorsichtig trocken tupfen. Den Topf von der Kochstelle nehmen. Gewürznelken aus dem Porridge entfernen. 2 Prisen Salz und 2–4 Teelöffel Voll-Rohrzucker unterrühren. Porridge z. B. in 2 Müslischalen füllen. 200 ml Mandeldrink in dem ausgespülten Topf erwärmen und darübergießen. Die Beeren hinzugeben.

Für ein **Trockenfrüchte-Porridge** (2 Portionen, im Foto Mitte rechts) 6 gehäufte Esslöffel Hafer- oder Weizenflocken, 500 ml kaltes Wasser, ½ Stange Zimt, 2 Gewürznelken und 4–6 Pimentkörner in einem Topf bei schwacher Hitze unter Rühren zum Kochen bringen. 60 g entsteinte, getrocknete Pflaumen in kleine Stücke schneiden und mit 2 Teelöffeln Rosinen unterrühren. Die Zutaten unter Rühren wieder zum Kochen bringen und zugedeckt etwa 10 Minuten bei schwacher Hitze quellen lassen, dabei gelegentlich umrühren. Den Topf von der Kochstelle nehmen. Die Gewürze entfernen. 200 ml Mandeldrink unterrühren. Porridge nochmals kurz erhitzen und servieren.

Quark-Brot aus dem Beutel

1 Den Backofen vorheizen.
Ober-/Unterhitze: etwa 180 °C
Heißluft: etwa 160 °C.
Dabei eine ofenfeste Schale mit Wasser auf den Boden des Backofens stellen und mit vorheizen.

2 Die Hälfte des Mehls mit Backpulver, Salz und Zucker in den Frischhaltebeutel füllen. Diesen gut verschließen und durch Schütteln alles gut durchmischen. Quark und Eier gut verrühren, zur Mehlmischung in den Beutel geben und mit den Händen kräftig durchkneten. Restliches Mehl hinzugeben, den Beutel wieder gut verschließen und alles so lange kräftig durchkneten, bis sich der Teig von dem Beutel löst.

3 Den Teig aus dem Beutel nehmen, auf einer mit Mehl bestäubten Arbeitsfläche flach drücken und von der längeren Seite aus aufrollen. Die Teigrolle mit der Naht nach unten in eine Kastenform (gefettet) legen, die Oberfläche mit Wasser bestreichen, mit einem scharfen Messer 3-mal quer einschneiden und mit etwas Mehl bestäuben. Die Form auf dem Rost in den vorgeheizten Backofen schieben. Das Brot in etwa 50 Minuten goldbraun backen.

4 Nach etwa 40 Minuten Backzeit die Schale mit dem Wasser entfernen und das Brot fertig backen. Stäbchenprobe machen.

5 Die Form auf einen Kuchenrost stellen. Das Brot etwa 10 Minuten in der Form abkühlen lassen, dann aus der Form auf den Kuchenrost stürzen und erkalten lassen.

Zubereitungszeit:
15 Minuten, ohne Abkühlzeit
Backzeit: etwa 50 Minuten

Zutaten für 1 Brot, etwa 24 Scheiben
250 g Weizenmehl
2 Pck. Backpulver
2 gestr. TL Salz
2 TL Zucker
500 g Speisequark (20 % Fett)
2 Eier (Größe M)

Zusätzlich:
1 großer Frischhaltebeutel mit Ziplock
1 Kastenbackform (30 x 11 cm)

Insgesamt:
E: 103 g, F: 38 g, Kh: 205 g, kcal: 1594

Zubereitungszeit:
etwa 10 Minuten
Garzeit: 3–4 Minuten

Zutaten für 2 Portionen
4 Eier (Größe M)
4 EL Milch (3,5 % Fett)
Salz
gem. Pfeffer
ger. Muskatnuss
30 g Butter oder Margarine

Pro Portion:
E: 11 g, F: 18 g, Kh: 1 g, kcal: 215

Rührei-Variationen

1 Eier mit Milch, Salz, Pfeffer und Muskatnuss in eine Schüssel geben und mit einem Schneebesen kurz verschlagen. Butter oder Margarine in einer großen Pfanne zerlassen. Eiermilch hineingeben und die Kochstelle auf schwache Hitze schalten.

2 Sobald die Masse zu stocken beginnt, sie strichweise mit einem Pfannenwender oder Holzspatel vom Pfannenboden lösen und vom Pfannenrand zur Mitte schieben, bis keine Flüssigkeit mehr vorhanden ist (Garzeit insgesamt 3–4 Minuten).

3 Das Rührei sollte weich, großflockig und nicht trocken sein. Das Rührei sofort servieren.

Für **Rührei mit Schinken** 2–3 Scheiben gekochten Schinken klein schneiden, mit der Eiermilch verrühren.

Für **Mexikanisches Rührei** 1 rote Peperoni längs halbieren, Kerne und weiße Scheidewände entfernen. Peperoni waschen, trocken tupfen und in Streifen schneiden, mit der Eiermilch verrühren.

Für **Indisches Rührei** ½ Teelöffel Currypulver mit der Eiermilch verrühren.

Für **Rührei mit Kräutern und Knoblauch** 1–1½ Esslöffel fein gehackte Kräuter (Schnittlauch, Petersilie) mit 1 abgezogenen, fein gehackten Knoblauchzehe unter die Eiermilch rühren.

Für **Rührei mit Krabben und Lachs** 1 Packung (75 g) Nordsee-Krabben (gekocht und geschält) mit 2–3 Lachsscheiben (in Streifen geschnitten) unter die Eiermilch rühren.

Dazu schmecken Bratkartoffeln und Spinat oder Kartoffelpüree mit Erbsen und Möhren.

Frühstück

45

Toastmuffins mit Ei und Speck

Zubereitungszeit:
30 Minuten
Backzeit: etwa 15 Minuten

Zutaten für 4 Stück
4 Scheiben Sandwichtoast
4 TL Butter
8 Scheiben Bacon
(Frühstücksspeck)
4 Eier (Größe S)
¼ Bund Schnittlauch
Salz
gem. Pfeffer

Zusätzlich:
1 Muffinform (für 12 Muffins)

Pro Stück:
E: 11 g, F: 23 g, Kh: 18 g, kcal: 322

1 Den Backofen vorheizen.
Ober-/Unterhitze: etwa 200 °C
Heißluft: etwa 180 °C

2 Sandwichtoastscheiben entrinden. Die Toastbrotscheiben mit einer Teigrolle oder einer Wasserflasche flach ausrollen. Je eine Seite mit Butter bestreichen und mit der Butterseite nach unten in eine Mulde einer Muffinform setzen.

3 Bacon in einer Pfanne ohne Fett knusprig auslassen. Je zwei Scheiben überkreuz auf den Toastscheiben platzieren. Jeweils ein aufgeschlagenes Ei daraufgeben. Die Form auf dem Rost in den vorgeheizten Backofen schieben. Die Toastmuffins etwa 15 Minuten backen.

4 In der Zwischenzeit Schnittlauch abspülen, trocken tupfen und in feine Ringe schneiden.

5 Die gebackenen Muffins mit einem kleinen Messer aus der Form lösen, herausheben und auf Tellern servieren. Mit Salz und Pfeffer würzen und mit den Schnittlauchröllchen bestreuen.

Wer es noch deftiger mag, kann die Muffins auch mit geriebenen Cheddar überbacken.

Brötchen-Variationen

Zubereitungszeit:
etwa 20 Minuten
Ruhe-/Gehzeit:
etwa 60 Minuten
Backzeit: 20–25 Minuten
Vegan

Zutaten für 14 Stück

Für den Hefeteig:
300 g Weizenmehl (Type 1050)
200 g Dinkelmehl
(Type 1050 oder 630)
21 g frische Hefe
250 ml lauwarmes Wasser
1 Prise Zucker
je 1 EL Mohnsamen,
Sesamsamen, Sonnenblumen-
kerne, Kürbiskerne
1 TL Salz
1 TL Olivenöl

Zusätzlich:
etwas Wasser zum Bestreichen
etwas Mehl für die
Arbeitsfläche
Samen und Körner nach Wahl
zum Bestreuen

Pro Stück:
E: 7 g, F: 4 g, Kh: 26 g, kcal: 169

---

1 Für den Teig beide Mehlsorten in einer Rührschüssel vermischen und in die Mitte eine Vertiefung eindrücken. Hefe hineinbröckeln, mit etwas Wasser und Zucker verrühren und etwa 15 Minuten stehen lassen.

2 Restliche Zutaten mit dem restlichen Wasser hinzufügen und mit einem Mixer (Knethaken) zunächst auf niedrigster, dann auf höchster Stufe in etwa 5 Minuten zu einem glatten Teig verarbeiten (der Teig darf noch etwas feucht sein). Den Teig zugedeckt so lange an einem warmen Ort gehen lassen, bis er sich sichtbar vergrößert hat, etwa 30 Minuten.

3 Anschließend den Teig nochmals auf der leicht bemehlten Arbeitsfläche mit den Händen etwas durchkneten. Dann in 14 gleich große Stücke teilen und zu runden Brötchen formen. Die Brötchen auf ein Backblech (mit Backpapier belegt) setzen, etwas flach drücken und nach Belieben in der Mitte eine Vertiefung einschneiden. Brötchen nochmals zugedeckt so lange an einem warmen Ort gehen lassen, bis sie sich sichtbar vergrößert haben, etwa 15 Minuten.

4 Den Backofen vorheizen.
Ober-/Unterhitze: etwa 220 °C
Heißluft: etwa 200 °C
Dabei ein ofenfestes Gefäß mit heißem Wasser füllen und auf einen Metall-Kuchenrost auf den Boden des Backofens stellen.

5 Die Brötchen mit etwas Wasser bestreichen und nach Belieben mit Samen und Körnern bestreuen. Das Backblech in den vorgeheizten Backofen schieben. Die Brötchen 20–25 Minuten backen.

6 Die Brötchen mit dem Backpapier von dem Backblech auf einen Kuchenrost ziehen und etwas abkühlen lassen.

Vollkorn-Sandwich mit Meerrettich-Butter

1 Für die Butter die Schalotte abziehen und fein würfeln. Olivenöl in einem Topf erhitzen. Die Schalottenwürfel darin braun anbraten. Dinkel hinzugeben, kurz mitrösten, mit Brühe ablöschen und mit Pfeffer würzen. Die Zutaten zugedeckt etwa 5 Minuten leicht köcheln lassen. Anschließend den Topf von der Kochstelle nehmen. Dinkel etwa 25 Minuten quellen und erkalten lassen.

2 Die Butter mit einem Mixer (Rührstäbe) cremig schlagen. Die Dinkelmischung nach und nach unterschlagen. Die Dinkel-Butter in den Kühlschrank stellen.

3 Die Brotscheiben nach Belieben im Toaster leicht rösten und etwas abkühlen lassen. Den Apfel heiß abwaschen, abtrocknen, vierteln und entkernen. Apfelviertel in Spalten schneiden. Schnittlauch abspülen und trocken tupfen. Radieschen putzen, abspülen, abtropfen lassen und in Spalten schneiden.

4 Die Brote mit der Dinkel-Butter bestreichen. Meerrettich schälen und daraufraspeln. 2 Brotscheiben mit Apfelspalten und Schinken belegen. Die Brotscheiben zusammenklappen. Die Sandwiches mit Radieschen und Schnittlauch anrichten.

Bereite von der Dinkel-Butter am besten gleich die doppelte oder dreifache Menge zu. Sie hält sich mit Frischhaltefolie zugedeckt im Kühlschrank etwa 5 Tage. Wenn du keinen frischen Meerrettich bekommst, kannst du auch 1 Teelöffel Meerrettichraspel aus dem Glas verwenden.
Wenn du keinen Schnellkoch-Dinkel bekommen kannst, kannst du auch normalen Dinkel verwenden. Dieser ist in gut sortierten Supermärkten und Drogerien erhältlich. Der Dinkel muss dann 30–40 Minuten köcheln (abhängig von der gewünschten Konsistenz).

Zubereitungszeit:
20 Minuten, ohne Abkühlzeit
Quellzeit: etwa 30 Minuten

Zutaten für 2 Portionen

Für die Dinkel-Butter:
1 Schalotte
1 TL Olivenöl
20 g fein geschroteter Schnellkoch-Dinkel (z. B. von Kornfix)
80 ml Gemüsebrühe
gem. Pfeffer
25 g Butter (zimmerwarm)

Zusätzlich:
4 Scheiben Roggen-Vollkornbrot (je etwa 40 g)
1 kleiner, säuerlicher Bio-Apfel (etwa 120 g)
½ Bund Schnittlauch
½ Bund Radieschen (etwa 140 g)
1 kleines Stück frischer Meerrettich
2 große, hauchdünne Scheiben magerer, geräucherter Schinken (je etwa 12 g, z. B. Schwarzwälder Schinken)

Pro Portion:
E: 11 g, F: 14 g, Kh: 47 g, kcal: 382

LUNCH
Eine gute Alternative zur Mensa

Bento-Box mit Couscous-Salat

Zubereitungszeit:
40 Minuten
Vegetarisch

Zutaten für 2 Portionen
125 g Instant-Couscous
½ Salatgurke
½ Bund glatte Petersilie
1 Bio-Limette (unbehandelt, ungewachst)
1 TL flüssiger Honig
2 ½ EL Ajvar
(würzige Paprikapaste)
Salz
gem. Pfeffer
125 g abgetropfter Mozzarella
8 Cocktailtomaten
100 g Nüsse nach Wahl
(z. B. gesalzene Mandeln oder Nussmischung)
2 Äpfel
etwas Zitronensaft

Zusätzlich:
2 lange Holzspieße
1 Bento-Box mit 2 Behältern oder 2 Frischhaltedosen

Pro Portion:
E: 27 g, F: 47 g, Kh: 72 g, kcal: 852

1 Couscous nach Packungsanleitung zubereiten. Die Gurke abspülen, abtrocknen und das Ende abschneiden. Gurke längs halbieren und die Kerne mit einem Löffel herausschaben. Gurkenhälften in kleine Würfel schneiden. Die Petersilie abspülen, trocken tupfen und die Blättchen von den Stängeln zupfen. Blättchen klein schneiden. Limette heiß abwaschen, abtrocknen und die Schale fein abreiben. Limette halbieren und den Saft auspressen.

2 Limettensaft mit Honig und Ajvar verrühren und unter den Couscous heben. Gurkenwürfel untermischen. Mit Salz und Pfeffer würzen.

3 Mozzarella in 12 Stücke schneiden. Die Cocktailtomaten abspülen und abtrocknen. Die beiden Holzspieße halbieren (dabei mögliche Holzsplitter entfernen). Mozzarella und Cocktailtomaten abwechselnd aufspießen.

4 Äpfel abspülen, trocken tupfen, vierteln und das Kerngehäuse herausschneiden. Apfelviertel in breite Spalten schneiden. Mit Zitronensaft beträufeln.

5 Je ein Behältnis der Bento-Box oder eine Frischhaltedose mit Couscous befüllen. Je 2 Tomaten-Mozzarella-Spieße daraufgeben. Nüsse und Apfelspalten in dem 2. Behältnis oder der 2. Frischhaltedose arrangieren.

Den Couscous-Salat und die Tomaten-Mozzarella-Spieße kann man gut vorbereiten und zugedeckt in den Kühlschrank stellen. Die Äpfel dann am besten erst kurz vor dem Packen der Bento-Box klein schneiden.
Wenn du nur eine Portion zubereiten möchtest, kannst du die Mengenangaben einfach halbieren.
Als Bento bezeichnet man in Japan Speisen, die in einer Box abgepackt und zum Verzehr mitgenommen werden. Traditionell finden sich in einer Bento-Box 4 Teile Reis, 3 Teile Fisch oder Fleisch, 2 Teile Gemüse und bei Bedarf ein Teil Süßes. Im Prinzip kannst du dir die japanische Lunchbox jedoch zusammenstellen, wie du möchtest.

Brotspieße mit Salat

Zubereitungszeit:
40 Minuten
Grillzeit:
etwa 10 Minuten je Backblech
Vegetarisch

Zutaten für 12 Spieße
1–2 Baguettes (etwa 375 g)
1–2 Baguettes mit Kräutern,
z. B. mit Kräutern der Provence
(etwa 375 g)
1–2 Bauern- oder Vollkorn-
Baguettes (etwa 375 g)
1 Bund gemischte Kräuter,
z. B. Petersilie, Dill, Kerbel
4 Knoblauchzehen
300 g Butter
Salz
gem. Pfeffer
Worcestersauce

Für den Salat:
etwa 1 ¼ kg kleine, gemischte
Blattsalate, z. B. Radicchio,
Spinat, Frisée, Endivie
300 g Joghurt (3,5 % Fett)
100 ml Weißweinessig
1 EL mittelscharfer Senf
etwas Zucker

Zusätzlich:
12 Spieße, z. B. Bambusspieße,
etwa 30 cm lang oder
Metallspieße
1–2 Backbleche
Backpapier

Pro Spieß:
E: 12 g, F: 24 g, Kh: 52 g, kcal: 476

---

1 Die Baguette-Brote in etwa 2 cm dicke Scheiben schneiden. Je Baguette-Sorte 2 Brotscheiben auf einen Spieß stecken. Die Spieße nebeneinander auf Backbleche (mit Backpapier belegt) legen.

2 Die Kräuter abspülen, trocken tupfen und die Blättchen oder Spitzen von den Stängeln zupfen und fein schneiden.

3 Knoblauch abziehen und durch eine Knoblauchpresse drücken.

4 Butter in einem Topf zerlassen. Kräuter und Knoblauch unterrühren, mit Salz, Pfeffer und Worcestersauce herzhaft würzen.

5 Die gewürzte Kräuterbutter mit einem Backpinsel auf die Baguette-Spieße streichen. So lange wiederholen, bis die Kräuterbutter aufgebraucht ist.

6 Für den Salat die Salate putzen und die äußeren, welken Blätter bzw. dicke Stiele entfernen. Die Salatblätter vom Strunk zupfen, in reichlich Wasser gründlich waschen, aber nicht drücken. Die Salatblätter in einem Sieb gut abtropfen lassen oder trocken schleudern. Große Blätter kleiner zupfen.

7 Joghurt mit Essig und Senf verrühren, mit Salz, Pfeffer und Zucker abschmecken.

8 Den Backofengrill (auf etwa 240 °C) vorheizen. Die Backbleche nacheinander im oberen Drittel unter den vorgeheizten Backofengrill schieben. Die Baguette-Spieße etwa 10 Minuten je Backblech rösten, dabei die Spieße einmal wenden.

9 Die Salatblätter mit dem Joghurtdressing vermischen und anschließend zu den gerösteten Brotspießen reichen.

Bulgur-Gemüse-Pfanne

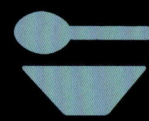

Zubereitungszeit:
30 Minuten
Vegan

Zutaten für 2 Portionen
1 kleine Zwiebel
1 Knoblauchzehe
2 EL Olivenöl
125 g Bulgur
etwa 1 gestr. TL gem. Kreuzkümmel (Cumin)
300 ml Gemüsebrühe
3 Tomaten (etwa 300 g)
½ Bund Frühlingszwiebeln
1 mittelgroße Zucchini
Salz
gem. Pfeffer
1–2 TL Zitronensaft

Pro Portion:
E: 10 g, F: 12 g, Kh: 54 g, kcal: 368

1 Zwiebel und Knoblauch abziehen. Beides in kleine Würfel schneiden.

2 1 Esslöffel Olivenöl in einem kleinen Topf erhitzen. Zwiebel- und Knoblauchwürfel darin unter gelegentlichem Rühren bei mittlerer Hitze in etwa 2 Minuten andünsten. Bulgur und Kreuzkümmel hinzugeben und unter gelegentlichem Rühren 1–2 Minuten kurz mit andünsten. Die Gemüsebrühe hinzugießen. Die Zutaten zum Kochen bringen, dann zugedeckt bei schwacher Hitze etwa 10 Minuten ausquellen lassen, dabei 2–3-mal umrühren.

3 In der Zwischenzeit Tomaten kreuzweise einschneiden und mit kochendem Wasser übergießen. Nach 1–2 Minuten herausnehmen und mit kaltem Wasser abschrecken. Tomaten häuten, vierteln, entkernen und die Stängelansätze herausschneiden. Die Tomatenviertel halbieren.

4 Frühlingszwiebeln putzen, abspülen, abtropfen lassen und in feine Scheiben schneiden. Zucchini abspülen, abtrocknen und die Enden abschneiden. Zucchini längs halbieren, dann quer in Scheiben schneiden.

5 Das restliche Olivenöl in einer großen Pfanne erhitzen. Zucchini- und Frühlingszwiebelscheiben darin bei mittlerer bis starker Hitze in 3–4 Minuten leicht braun anbraten, dabei gelegentlich umrühren.

6 Den gegarten Bulgur mit den Tomaten unter das Gemüse mischen und etwa 2 Minuten bei schwacher Hitze darin erwärmen, dabei gelegentlich umrühren. Die Bulgur-Gemüse-Pfanne mit Salz, Pfeffer, etwas Kreuzkümmel und Zitronensaft abschmecken.

Dazu schmeckt ein **Petersilien-Joghurt-Dip:** Dafür 75 g Joghurt (1,5 % Fett) mit 1 gehäuften Teelöffel klein geschnittener Petersilie (frisch oder TK) und etwas gemahlenem Kreuzkümmel (Cumin) verrühren. Den Dip nach Belieben mit etwas Salz und Pfeffer abschmecken.

Burrito Bowl

1 Den Reis in einem Sieb mit kaltem Wasser abspülen und abtropfen lassen. Den Reis in kochendem Salzwasser nach Packungsanweisung garen. Den Knoblauch abziehen und durch eine Knoblauchpresse direkt in den gegarten Reis drücken. Saft von 1 ½ Limetten, Limettenschale, Kidneybohnen und 1 Esslöffel Butter unterrühren.

2 Den Backofen vorheizen.
Ober-/Unterhitze: etwa 220 °C
Heißluft: etwa 200 °C

3 Die Paprikaschoten halbieren, entstielen, entkernen und die weißen Scheidewände entfernen. Schoten abspülen, abtropfen lassen und in dünne Streifen schneiden. Süßkartoffeln schälen, abspülen, abtropfen lassen und in große Würfel schneiden. Paprikastreifen und Süßkartoffelwürfel mit Öl mischen, mit Salz und Taco-Gewürzmischung würzen und auf einem Backblech (mit Backpapier belegt) verteilen. Das Backblech in den vorgeheizten Backofen schieben. Etwa 25 Minuten garen.

4 Chilischote abspülen, trocken tupfen, entstielen und in feine Würfel schneiden. Mais und Chiliwürfel mit der restlichen Butter erwärmen. Mit Salz abschmecken.

5 Avocado halbieren, den Kern entfernen, das Fruchtfleisch herauslösen und mit einer Gabel cremig zerdrücken. Ebenfalls mit Salz würzen.

6 Für die Salsa die Zwiebel abziehen und in Streifen schneiden. Restlichen Limettensaft mit Salz und Zucker verrühren, Zwiebeln unterrühren. Tomaten abspülen, abtrocknen, halbieren und die Stängelansätze herausschneiden. Tomaten in feine Würfel schneiden. Koriandergrün abspülen, trocken tupfen und die Blättchen von den Stängeln zupfen. Blättchen klein schneiden. Koriander und Tomatenwürfel mit den Zwiebelstreifen vermischen.

7 Reis in Schalen verteilen. Die einzelnen vorbereiteten Zutaten getrennt voneinander auf dem Reis anrichten. Sofort genießen.

Zubereitungszeit:
50 Minuten
Garzeit: etwa 25 Minuten
Vegetarisch

Zutaten für 2–3 Portionen
200 g Basmati-Reis
2 Bio-Limetten (unbehandelt, ungewachst)
2 Knoblauchzehen
225 abgetropfte Kidneybohnen (aus der Dose)
2 EL Butter
2 rote Paprikaschoten
350 g Süßkartoffeln
3–4 EL Speiseöl
Salz
1–2 EL Taco-Gewürzmischung
1 kleine Chilischote
140 g abgetropfter Gemüsemais (aus der Dose)
1 Avocado

Für die Salsa:
1 kleine, rote Zwiebel
1 EL Zucker
2 Tomaten
½ Bund Koriandergrün oder glatte Petersilie

Pro Portion (bei 2 Portionen):
E: 27 g, F: 50 g, Kh: 156 g, kcal: 1243

Caesar-Salat

Zubereitungszeit:
40 Minuten, ohne Abkühlzeit
Garzeit: 13–15 Minuten

Zutaten für 6 Portionen

Für den Salat:
200 g Mini Romana
(Salatherzen)
250 g Eisbergsalat
etwas Radicchio

Für das Dressing:
50 g Parmesan
1 Knoblauchzehe
250 g Joghurt nach griechischer
Art, 10 % Fett)
150 g Salatcreme Balance
(10 % Fett)
2 EL Weißweinessig
Salz
gem. Pfeffer

Für die Croûtons:
3 Scheiben Toastbrot

4 Hähnchenbrustfilets
(etwa 500 g)
2 EL Speiseöl
50 g Parmesan

Pro Portion:
E: 28 g, F: 16 g, Kh: 12 g, kcal: 309

1 Für den Salat Salate putzen, abspülen und gut abtropfen lassen. Radicchio zum Garnieren getrennt von den anderen Salaten beiseitelegen. Die restlichen Salate in Streifen oder Stücke schneiden.

2 Für das Dressing Parmesan fein reiben, Knoblauch abziehen. Joghurt, Salatcreme, Knoblauch, Essig, Salz, Pfeffer und den geriebenen Parmesan in einen Rührbecher geben und fein pürieren. Dressing abschmecken.

3 Für die Croûtons Toastbrotscheiben entrinden und in kleine Würfel schneiden. Die Brotwürfel in einer beschichteten Pfanne bei schwacher Hitze von allen Seiten goldbraun rösten, herausnehmen und beiseitelegen.

4 Hähnchenbrustfilets mit Küchenpapier abtupfen, mit Salz und Pfeffer würzen. Speiseöl in einer beschichteten Pfanne erhitzen. Die Filets darin von beiden Seiten kräftig anbraten. Anschließend bei mittlerer Hitze in etwa 10 Minuten fertig garen, dabei ab und zu wenden. Die Filets herausnehmen, etwas abkühlen lassen, anschließend in Scheiben schneiden.

5 Den Salat mit dem Dressing vermischen und in tiefen Tellern anrichten. Parmesan hobeln. Den Salat mit Parmesan, beiseitegelegtem Radicchio, Croûtons und den Hähnchenfiletscheiben garnieren.

🍴 Für eine vegetarische Variante kannst du statt der Hähnchenbrustfilets auch gebratene Halloumi-Scheiben (in einer beschichteten Pfanne ohne Fett braten) verwenden.

👨‍🍳 Wenn es schnell gehen soll, nimm fertige Croûtons und gehobelten Parmesan aus dem Kühlregal.

Lunch

Couscous-Linsen-Salat

Zubereitungszeit:
30 Minuten,
ohne Durchziehzeit
Vegan

Zutaten für 2 Portionen

Für den Salat:
125 g Couscous
Gemüsebrühe

100 g rote Linsen
1 kleine Zwiebel
evtl. 1 Knoblauchzehe
1 gelbe Paprikaschote
½ Salatgurke (etwa 175 g)
3 Tomaten oder
1 Fleischtomate

Für die Salatsauce:
Saft von ½ Zitrone
1–1 ½ EL Olivenöl
Salz
gem. Pfeffer
1 kleine Msp. Chilipulver
Voll-Rohrzucker

1 kleines Bund Petersilie

Pro Portion:
E: 23 g, F: 10 g, Kh: 81 g, kcal: 514

1 Couscous nach Packungsanleitung mit der Gemüsebrühe (die auf der Packung angegebene Flüssigkeitsmenge verwenden) zubereiten. Couscous erkalten lassen.

2 In der Zwischenzeit die Linsen nach Belieben in einem Sieb kalt abspülen. Die Linsen nach Packungsanleitung in reichlich Wasser in 8–10 Minuten bissfest garen. Die gegarten Linsen in ein Sieb abgießen und mit kaltem Wasser abschrecken. Anschließend Linsen abtropfen, abkühlen lassen und beiseitestellen.

3 Inzwischen Zwiebel und nach Belieben Knoblauch abziehen, beides fein würfeln. Paprikaschote halbieren, entstielen, entkernen und die weißen Scheidewände entfernen. Schote abspülen, abtropfen lassen und in kleine Würfel schneiden. Salatgurke abspülen, abtrocknen und das Ende abschneiden. Gurke längs halbieren. Die Kerne mit einem Teelöffel herausschaben. Das Fruchtfleisch in schmale Streifen schneiden.

4 Tomaten kreuzweise einschneiden und mit kochendem Wasser übergießen. Nach 1–2 Minuten herausnehmen und mit kaltem Wasser abschrecken. Tomaten häuten, halbieren und die Stängelansätze herausschneiden. Tomaten entkernen und das Fruchtfleisch in mundgerechte Stücke schneiden.

5 Den Couscous in eine Salatschüssel geben und mit 2 Gabeln etwas auflockern. Zwiebel-, Knoblauch- und Paprikawürfel sowie Gurkenstreifen und Tomatenstücke unter den Couscous heben.

6 Für die Sauce Zitronensaft mit Olivenöl verschlagen, mit Salz, Pfeffer, Chilipulver und 1 Prise Zucker würzen. Die Sauce zum Salat geben und untermischen. Zuletzt die Linsen vorsichtig unterrühren. Den Couscous-Linsen-Salat gut durchziehen lassen.

7 Petersilie abspülen, trocken tupfen und die Blättchen von den Stängeln zupfen. Blättchen klein schneiden und unter den Salat heben. Abschmecken und servieren.

Currywurst aus dem Glas

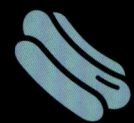

Zubereitungszeit:
20 Minuten
Einkochzeit: etwa 35 Minuten
Haltbarkeit: kühl und dunkel gestellt mindestens 3 Monate

Zutaten für etwa 5 Gläser (je 440 ml)

Für die Currysauce:
300 ml Wasser
3 geh. TL Currypulver, indisch
2 TL brauner Zucker
1 TL Paprikapulver rosenscharf
1 TL Sambal Oelek
1 l guter Tomatenketchup

Für die Wurst:
10 Rostbratwürstchen (vorgebrüht)
2 Frühlingszwiebeln
3 EL Speiseöl
Salz
gem. Pfeffer

Pro Glas:
E: 34 g, F: 60 g, Kh: 53 g, kcal: 887

1 Für die Currysauce Wasser mit Curry, Zucker, Paprika und Sambal Oelek in einem Topf zum Kochen bringen. Den Topf von der Kochstelle nehmen und den Ketchup unterrühren. Die Currysauce nochmals unter ständigem Rühren kurz aufkochen lassen.

2 Die Bratwürstchen in 1–1 ½ cm dicke Scheiben schneiden. Frühlingszwiebeln putzen, abspülen, abtropfen lassen und in Scheiben schneiden.

3 Eine Fettpfanne zur Hälfte mit Wasser füllen und in den Backofen schieben. Den Backofen vorheizen.
Ober-/Unterhitze: etwa 120 °C
Heißluft: etwa 100 °C

4 Speiseöl in einer großen Pfanne oder einem Bräter erhitzen. Die Bratwurstscheiben darin in 2–3 Portionen von beiden Seiten 3–4 Minuten kräftig anbraten. Frühlingszwiebelscheiben hinzugeben und kurz mit anbraten. Mit Salz und Pfeffer würzen.

5 Die Bratwurstscheiben mit den Frühlingszwiebelscheiben sofort in vorbereitete Gläser geben. Die noch heiße Currysauce darauf verteilen, sodass die Bratwurstscheiben gut bedeckt sein. Die Gläser sofort mit Twist-off-Deckeln® verschließen.

6 Die Gläser in die vorbereitete Fettpfanne stellen. Die Gläser etwa 35 Minuten einkochen (sterilisieren). Die Gläser an einen kühlen, dunklen Ort stellen.

Du kannst die Currywurst natürlich auch sofort essen und musst sie nicht in Gläser füllen. Das ist nur praktisch für die Vorratshaltung.
Schnell aus der herkömmlichen Currywurst eine de-luxe-Variante machen? Einfach vor dem Verschließen der Gläser eine angebratene Riesengarnele (ohne Kopf und Schale, entdarmt) auf der Currywurst platzieren.

Falafel-Taler im Pita-Brot

1 Am Vorabend zum Vorbereiten die Kichererbsen in einer Schüssel mit kaltem Wasser gut bedecken und über Nacht quellen lassen.

2 Am nächsten Tag die gequollenen Kichererbsen in einem Sieb abtropfen lassen. Dann die Kichererbsen mit der Brühe in einem Topf zum Kochen bringen und zugedeckt bei mittlerer Hitze in etwa 30 Minuten gar kochen, dabei die Packungsanleitung beachten. Die Kichererbsen in einem Sieb abtropfen lassen.

3 Zwiebel und Knoblauch abziehen, grob würfeln. Petersilie und Minze abspülen, trocken tupfen und die Blättchen von den Stängeln zupfen. Die Minzeblättchen fein schneiden. Abgetropfte Kichererbsen, Zwiebel-, Knoblauchwürfel und Petersilienblättchen mit dem Pürierstab fein pürieren.

4 Die Kichererbsenmasse mit Salz, Pfeffer, Kümmel, Koriander, Paprika und Minze pikant abschmecken. Speisestärke und Ei hinzufügen, nochmals kurz pürieren.

5 Aus der Kichererbsenmasse mit den Händen 4 gleich große Taler formen. Pflanzenöl in der Pfanne erhitzen. Die Pfanne leicht schwenken, damit sich das Öl gleichmäßig auf dem Pfannenboden verteilen kann. Die Taler bei mittlerer Hitze je Seite in etwa 3 Minuten goldbraun braten. Die Falafel-Taler aus der Pfanne nehmen, auf Küchenpapier legen und etwas abkühlen lassen.

6 Nach Belieben Salatblätter abspülen und trocken tupfen. Tomaten abspülen, abtrocknen und in Scheiben schneiden, dabei die Stängelansätze herausschneiden.

7 Pita-Taschen im Toaster nach Packungsanleitung rösten, kurz abkühlen lassen und aufschneiden. Brottaschen portionsweise mit Kräuterquark, Salatblättern, Falafel-Talern und Tomatenscheiben füllen. Die gefüllten Brottaschen sofort servieren.

Zubereitungszeit:
25 Minuten
Quellzeit: mindestens 12 Stunden
(am besten über Nacht)
Garzeit: etwa 40 Minuten
Vegetarisch

Zutaten für 4 Portionen

Zum Vorbereiten:
125 g getrocknete Kichererbsen

150 ml Gemüsebrühe
1 kleine Gemüsezwiebel
(etwa 150 g)
1–2 Knoblauchzehen
1/2 Bund Petersilie
2–3 Stängel Minze
Salz
gem. Pfeffer
gem. Kümmelsamen
gem. Koriander
Paprikapulver edelsüß
20 g Speisestärke
1 Ei (Größe S)
1–2 EL Pflanzenöl
evtl. 4 Salatblätter
2 Tomaten
4 Pita-Brottaschen aus Weizenmehl (aus dem Brotregal)
200–250 g Kräuterquark

Pro Portion:
E: 19 g, F: 12 g, Kh: 60 g, kcal: 439

Kartoffel-Tortilla

Zubereitungszeit:
etwa 40 Minuten
Backzeit: 15–20 Minuten
Vegetarisch

Zutaten für 1–2 Portionen
400 g festkochende Kartoffeln
1 kleine Zwiebel
1–2 Knoblauchzehen
1 kleine, rote Paprikaschote
(etwa 150 g)
4 Stängel Petersilie
2 EL Olivenöl
2 Eier (Größe M)
125 g Speisequark (40 % Fett)
Salz
gem. Pfeffer

Insgesamt:
E: 36 g, F: 47 g, Kh: 62 g, kcal: 836

1 Den Backofen vorheizen.
Ober-/Unterhitze: etwa 220 °C
Heißluft: etwa 200 °C

2 Kartoffeln waschen, schälen, abspülen, abtrocknen und in kleine Würfel schneiden. Zwiebel und Knoblauchzehen abziehen. Zwiebel fein würfeln, Knoblauchzehen durch eine Presse drücken oder ebenfalls fein würfeln.

3 Paprikaschote halbieren, entstielen, entkernen und die weißen Scheidewände entfernen. Schote waschen, trocken tupfen und in kleine Würfel schneiden. Petersilie abspülen, trocken tupfen und die Blättchen von den Stängeln zupfen. Blättchen fein hacken.

4 Olivenöl in einer großen, backofengeeigneten Pfanne erhitzen und die Kartoffelwürfel in etwa 8 Minuten bei mittlerer Hitze anbraten. Zwiebel- und Knoblauchwürfel hinzugeben und kurz mitbraten. Zugedeckt etwa 10 Minuten garen, gelegentlich umrühren. 5 Minuten vor Garende die Paprikawürfel hinzufügen.

5 In der Zwischenzeit die Eier trennen. In einer Schüssel den Quark mit dem Eigelb kräftig verrühren. Das Eiweiß mit einem Mixer (Rührbesen) auf höchster Stufe halb steifschlagen und unter die Eigelb-Quark-Masse heben.

6 Zwei Drittel der Petersilie (restliche Petersilie beiseitelegen) unter die Kartoffeln rühren. Alles mit Salz und Pfeffer würzen. Quarkmasse über die Kartoffeln gießen bzw. verstreichen.

7 Die Pfanne auf dem Rost auf der mittleren Schiene in den vorgeheizten Backofen schieben. Die Tortilla 15–20 Minuten backen. Tortilla herausnehmen und mit beiseitegelegter Petersilie bestreut servieren.

Wer keine backofengeeignete Pfanne besitzt, kann auf eine Springform (mit Backpapier belegt) zurückgreifen.

Nudelsalat mit Pesto

Zubereitungszeit:
etwa 20 Minuten,
ohne Durchziehzeit
Vegetarisch

Zutaten für 2 Portionen
2 ½ gestr. TL Salz
250 g Nudeln,
z. B. Farfalle
2–3 EL grünes Pesto,
z. B. Pesto Genovese
etwa 10 Cocktailtomaten
Salz
gem. Pfeffer

Pro Portion:
E: 17 g, F: 4 g, Kh: 91 g, kcal: 478

1 Wasser in einem Topf zugedeckt zum Kochen bringen. Dann Salz und Nudeln hinzugeben. Die Nudeln bei mittlerer Hitze nach Packungsanleitung bissfest kochen, dabei gelegentlich umrühren.

2 Anschließend die Nudeln in ein Sieb geben (dabei 2–3 Esslöffel vom Kochwasser auffangen). Die Nudeln kurz abspülen und abtropfen lassen. Das Pesto mit dem aufgefangenen Nudelkochwasser verrühren und die noch heißen Nudeln damit vermischen, alles etwa 30 Minuten durchziehen lassen.

3 Tomaten abspülen und abtrocknen, evtl. halbieren. Vor dem Servieren den Salat mit Salz und Pfeffer würzen. Tomaten unterheben.

Für ein **Rucolapesto** 1 Bund Rucola (etwa 100 g) verlesen und dicke Stängel abschneiden. Rucola abspülen, gut abtropfen lassen und klein schneiden. 50 g Pinienkerne oder Sonnenblumenkerne in einer Pfanne ohne Fett unter Wenden anrösten, herausnehmen und abkühlen lassen. Pinienkerne, 3 abgezogene Knoblauchzehen, 1 gestrichener Teelöffel Salz, 150 ml Olivenöl in einem hohen Rührbecher fein pürieren. Rucola hinzugeben, nochmals kurz pürieren. 120 g fein geraspelten Parmesan unterrühren. Pesto mit Salz und Pfeffer abschmecken. Das Pesto kannst du etwa 7 Tage im Kühlschrank aufbewahren.

Für ein **Bärlauchpesto** 2 Bund Bärlauch (etwa 90 g) putzen, abspülen, trocken tupfen oder trocken schleudern und klein schneiden. 50 g Pinienkerne in einer Pfanne ohne Fett unter Wenden goldbraun rösten, herausnehmen und auf einem Teller abkühlen lassen. Pinienkerne, 100 ml Olivenöl und 50 ml Keimöl in einem hohen Rührbecher fein pürieren. Bärlauch hinzugeben, nochmals kurz pürieren. 120 g fein geraspelten Parmesan unterrühren, mit Salz und Pfeffer würzen. Das Pesto ist im Kühlschrank etwa 7 Tage haltbar.

Nudelsuppe to go

Zubereitungszeit:
10 Minuten

Zutaten für 1 Portion
70 g Möhren
2 Frühlingszwiebeln
100 g Champignons
1 Knoblauchzehe
70 g abgetropfter Gemüsemais
(aus der Dose)
1 EL Olivenöl
2 EL Sojasauce
gem. Pfeffer
70 g Mie-Nudeln (chinesische Eiernudeln, z. B. aus dem Asia-Markt)
2–3 TL gekörnte Brühe
(z. B. Hühnerbrühe)

Zusätzlich:
1 großes Einmachglas mit Schraubverschluss
(etwa 1 Liter Inhalt)

Insgesamt:
E: 20 g, F: 14 g, Kh: 69 g, kcal: 502

1 Die Möhren putzen, schälen, abspülen, abtropfen lassen und grob raspeln. Die Frühlingszwiebeln putzen, abspülen, abtropfen lassen und in feine Scheiben schneiden. Champignons putzen, evtl. kurz abspülen, trocken tupfen und in Scheiben schneiden. Den Knoblauch abziehen und durch eine Knoblauchpresse direkt in das vorbereitete Glas drücken.

2 Das vorbereitete Gemüse mit dem Mais in das Glas füllen. Das Olivenöl und die Sojasauce hinzugeben. Mit Pfeffer würzen. Mie-Nudeln darauflegen und zuletzt die gekörnte Brühe. Das Glas mit dem Deckel verschließen. Evtl. über Nacht im Kühlschrank aufbewahren. Aufrecht transportieren, damit die Nudeln nicht zu nass werden.

4 Vor dem Verzehr 450 ml Wasser aufkochen und in das Glas füllen. Alle Zutaten sollten bedeckt sein. Das Glas mit dem Deckel wieder verschließen. Die Suppe etwa 5 Minuten ziehen lassen, umrühren und heiß genießen.

Im Gegensatz zu gekauften Instant-Nudelsuppen ist die selbst gemachte viel gesünder und es entsteht weniger Müll.
Fast alle Zutaten sind austauschbar. So kannst du bei der Brühe variieren oder auf anderes Gemüse wie Zucchini, Erbsen und Paprika zurückgreifen.
Möchtest du andere Nudeln verwenden, solltest du darauf achten, dass diese nicht gekocht werden müssen. Andernfalls, wenn du beispielsweise Lust auf italienische Spaghetti hast, musst du vorher vorkochen und ca. 1 Minute vor der empfohlenen Garzeit abgießen, mit kalten abspülen und abtropfen lassen.

Pasta-Salat mit Rucola und Mais

1 Wasser in einem großen geschlossenen Topf zum Kochen bringen. Dann Salz und Nudeln hinzugeben. Die Nudeln im geöffneten Topf bei mittlerer Hitze nach Packungsanleitung bissfest kochen, dabei gelegentlich umrühren. Etwa 3 Minuten vor Ende der Garzeit die Erbsen hinzufügen und mitgaren. Dann Nudeln und Erbsen in ein Sieb geben, mit kaltem Wasser abspülen und abtropfen lassen.

2 Inzwischen Rucola verlesen und die dicken Stängel abschneiden. Rucola abspülen, gut abtropfen lassen oder trocken schleudern und evtl. etwas kleiner zupfen. Anschließend den Mais in einem Sieb abtropfen lassen.

3 Für die Sauce Orangensaft, Essig und Öl verrühren. Knoblauch abziehen und fein hacken oder durch die Knoblauchpresse drücken und hinzufügen. Die Sauce mit Salz und Pfeffer würzen.

4 Die lauwarmen Nudeln und Erbsen mit Rucola, Mais und Sauce in einer großen Schüssel vermischen. Den Pasta-Salat etwa 20 Minuten durchziehen lassen.

5 Vor dem Servieren Parmesan in grobe Streifen hobeln und unter den Salat rühren. Den Salat mit Salz und Pfeffer abschmecken.

Dazu schmecken Ciabatta und leichter Rot- oder Roséwein.
Zusätzlich 2 Packungen gebratene Hähnchenfiletstreifen (je 150 g, aus dem Kühlregal) mit den Salatzutaten vermischen.
Die Nudeln für den Salat gleich nach dem Abgießen mit 1 Esslöffel Olivenöl vermischen: So glänzen die Nudeln schön und kleben nicht zusammen. Das Öl kann man bei der Marinade wieder einsparen.

Zubereitungszeit:
etwa 40 Minuten, ohne Durchziehzeit
Vegetarisch

Zutaten für 8–10 Portionen
Salz
500 g Nudeln, z. B. Penne
300 g TK-Erbsen
125 g Rucola (Rauke)
285 g abgetropfter Gemüsemais (aus der Dose)

Für die Sauce:
6 EL Orangensaft
2 EL Balsamico-Essig
4 EL Olivenöl
1–2 Knoblauchzehen
Salz, gem. Pfeffer
75 g Parmesan-Käse am Stück

Pro Portion:
E: 13 g, F: 9 g, Kh: 49 g, kcal: 331

Poké Bowl mit Räucherlachs

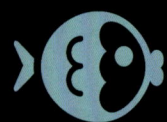

Zubereitungszeit:
35 Minuten

Zutaten für 2–3 Portionen
300 g Sushi-Reis
2 Bio-Limetten
(unbehandelt, ungewachst)
2 TL Zucker
100 g Möhren
6 Radieschen
½ Salatgurke
½ Mango
2 Frühlingszwiebeln
100 g Räucherlachs

Für die Sauce:
4 EL Delikatessmayonaise
1–2 EL scharfe Chilisauce
(z. B. Sriracha)
1 EL Sojasauce

Pro Portion (bei 2 Portionen):
E: 26 g, F: 40 g, Kh: 143 g,
kcal: 1058

1 Den Sushi-Reis in einem Sieb mit kaltem Wasser sehr gut abspülen und abtropfen lassen. Den Reis in kochendem Salzwasser nach Packungsanleitung garen. Die Limetten heiß abwaschen, abtrocknen, die Schale fein abreiben und beiseitelegen. Die Limetten halbieren und den Saft auspressen. Limettensaft mit Zucker verrühren. Den gegarten Sushi-Reis mit Limettensaft verrühren und auf einem Backblech (mit Backpapier belegt) verteilen. Sushi-Reis abkühlen lassen.

2 In der Zwischenzeit die Möhren putzen, schälen, abspülen, abtropfen lassen und grob raspeln. Die Radieschen putzen, abspülen, abtropfen lassen und in dünne Scheiben schneiden. Die Gurke abspülen, abtrocknen und das Ende abschneiden. Gurke längs halbieren und die Kerne mit einem Löffel herausschaben. Gurkenhälften zuerst in schmale Streifen, dann in Würfel schneiden. Mango schälen und das Fruchtfleisch vom Stein schneiden. Mango ebenfalls würfeln. Die Frühlingszwiebeln putzen, abspülen, abtropfen lassen und in feine Scheiben schneiden.

3 Räucherlachs in breite Streifen schneiden.

4 Für die Sauce Mayonnaise mit Chilisauce, beiseitegelegten Limettenschalen und Sojasauce verrühren.

5 Den Sushi-Reis in Schalen verteilen. Das Gemüse und den Lachs bis auf die Frühlingszwiebelscheiben getrennt voneinander darauf anrichten. Alles mit der Sauce beträufeln und mit den Frühlingszwiebelscheiben bestreuen.

Poké Bowls stammen ursprünglich aus Hawaii, sind aber mittlerweile auch in der deutschen Küche angekommen. Die Grundlage ist eine Schüssel mit Reis. Darauf verteilt werden kleingeschnittene Zutaten wie Fisch, Tofu, Rot- oder Weißkohl, Avocado, Röstzwiebeln, Erbsen, Mais und Sesam. Dazu gibt es oft eine Sauce auf Sojabasis oder eine scharfe Sauce. Du kannst das Gericht also variieren und deinem Geschmack anpassen. Hauptsache, es sieht bunt und lecker aus!

Lunch

Salat-Mix mit Grilled-Cheese-Toasts

1 Salatmix mit kaltem Wasser gründlich abspülen, abtropfen lassen oder trocken schleudern.

2 Toastscheiben auf beiden Seiten dünn mit Butter bestreichen. Eine große beschichtete Pfanne erhitzen, je 2–3 Toastscheiben darin zunächst auf beiden Seiten kurz goldbraun anrösten. Temperatur reduzieren.

3 Die Toastscheiben in der Pfanne jeweils auf einer Seite mit etwas Mango-Chutney bestreichen. Je 1 Scheibe Käse auflegen. Die Toast-Käse-Scheiben dann unter mehrmaligem Wenden weiterbraten, bis der Käse zu schmelzen beginnt. Dabei die Scheiben beim Braten auf der Käseseite etwas in der Pfanne hin und her bewegen.

4 Toast aus der Pfanne nehmen, mit den Brotseiten nach unten auf ein Schneidbrett geben, diagonal halbieren und überklappen. Übrige Toastscheiben und Käse ebenso zubereiten.

5 Salat auf Teller verteilen, mit Dressing beträufeln. Mit den Grilled-Cheese-Toasts anrichten.

Im Backofen mit schnell aufheizbarer Grillfunktion lassen sich die Toast-Ecken auch gleich auf einmal zubereiten. Dafür die Toasts auf einem mit Backpapier belegten Backblech verteilen. Mit Chutney bestreichen und den Käse auflegen. Unter dem heißen Grill erhitzen, bis der Käse zu schmelzen beginnt. Scheiben diagonal halbieren und überklappen und nochmals kurz von beiden Seiten rösten.

Zubereitungszeit:
20 Minuten
Vegetarisch

Zutaten für 2 Portionen
125 g Salatmix
(aus dem Frischebeutel oder der Salatbar)
6 Scheiben Sandwichtoast
2 EL Butter (zimmerwarm)
4–6 TL fruchtiges Mango-Chutney (aus dem Glas)
6 Scheiben Cheddar
(je 30–40 g)
4–6 EL fertiges Salat-Dressing
(z. B. Kräuter-Vinaigrette)

Pro Portion:
E: 32 g, F: 51 g, Kh: 49 g, kcal: 784

Summerrolls mit Erdnuss-Sauce

Zubereitungszeit:
60 Minuten
Vegan

Zutaten für 4 Portionen

Für die Summerrolls:
4 dünne Frühlingszwiebeln (etwa 50 g)
etwa 150 g Möhren
1 rote Paprikaschote
½ Mango
1 kleine Salatgurke (etwa 100 g)
1 Bund Koriander
1 Bund Minze
12 Blatt getrocknetes Reispapier (je 16 cm, erhältlich im Asialaden)

Für die Erdnuss-Sauce:
1 kleine Chilischote
2 Knoblauchzehen
1 Bio-Limette (unbehandelt, ungewachst)
200 g cremige Erdnussbutter
150 ml Kokosmilch
2 EL Sojasauce

Pro Portion:
E: 16 g, F: 30 g, Kh: 45 g, kcal: 525

---

1 Für die Summerrolls die Frühlingszwiebeln putzen, abspülen, abtropfen lassen. Die Möhren putzen, schälen, abspülen, abtropfen lassen. Paprikaschote halbieren, entstielen, entkernen und die weißen Scheidewände entfernen. Mango schälen und das Fruchtfleisch vom Stein schneiden. Das vorbereitete Gemüse und das Mango-Fruchtfleisch in etwa 5 cm lange, dünne Streifen schneiden.

2 Die Gurke abspülen, abtrocknen und die Enden abschneiden. Gurke längs halbieren und die Kerne mit einem Löffel herausschaben. Gurkenhälften in dünne Streifen schneiden.

3 Koriander und Minze abspülen, trocken tupfen und die Blättchen von den Stängeln zupfen.

4 Etwas kaltes Wasser in einen tiefen Teller füllen und die Reispapierblätter einzeln für 1–2 Minuten darin einweichen lassen. Zuerst je einige Kräuterblättchen in die Mitte der Reispapierblätter geben, dann jeweils 1 Esslöffel der Gemüse- und Mangostreifen daraufgeben. Die Seiten einschlagen. Die belegten Reispapierblätter vorsichtig aufrollen (wie eine Roulade) und mit der Öffnung nach unten auf eine Platte legen.

5 Für die Sauce die Chilischote abspülen, trocken tupfen, entstielen und in Ringe schneiden. Den Knoblauch abziehen und durch eine Knoblauchpresse drücken. Die Limette heiß abwaschen, abtrocknen und die Schale fein abreiben. Limette halbieren und den Saft auspressen.

6 Die Erdnussbutter mit der Kokosmilch in einem Topf verrühren und unter Rühren aufkochen lassen. Chiliringe und Knoblauch unterrühren. Die Erdnuss-Sauce mit Sojasauce, Limettenschale und Limettensaft abschmecken.

7 Die Summerrolls mit der Sauce servieren.

Thai-Salat im Glas

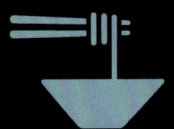

1 Für den Salat Glasnudeln nach Packungsanleitung garen und abkühlen lassen.

2 Die Paprikaschote halbieren, entstielen, entkernen und die weißen Scheidewände entfernen. Die Gurke abspülen, abtrocknen und das Ende abschneiden. Gurke längs halbieren und die Kerne mit einem Löffel herausschaben. Die Frühlingszwiebeln putzen, abspülen und abtropfen lassen. Gurkenhälften, Paprikaschote und Frühlingszwiebeln in dünne Streifen schneiden. Die Möhren putzen, schälen, abspülen, abtropfen lassen und grob raspeln.

3 Erdnusskerne grob hacken.

4 Für die Sauce Limette heiß abwaschen, abtrocknen und die Schale fein abreiben. Limette halbieren und den Saft auspressen. Chilischote abspülen, trocken tupfen, entstielen und in feine Würfel schneiden. Limettenschale und -saft mit Chiliwürfeln, Erdnussbutter, Sweet-Chili-Sauce und Sojasauce zu einer cremigen Sauce verrühren.

5 Abgekühlte Glasnudeln mit dem vorbereiteten Gemüse und der Sauce gut vermischen, zugedeckt über Nacht in den Kühlschrank stellen.

6 Am nächsten Morgen nach Belieben Koriander abspülen, trocken tupfen und die Blättchen von den Stängeln zupfen. Blättchen klein schneiden. Thai-Salat auf zwei To-Go Behälter verteilen und mit den gehackten Erdnusskernen und eventuell Koriander bestreuen.

👨‍🍳 Wer keine Erdnüsse mag oder dagegen allergisch ist, kann stattdessen auf Cashew- oder Mandelcreme und geröstete Cashews bzw. Mandeln zurückgreifen.

Zubereitungszeit:
35 Minuten, ohne Kühlzeit

Zutaten für 2 Portionen

Für den Salat:
150 g Glasnudeln
(z. B. aus dem Asiamarkt)
1 rote Paprikaschote
½ Salatgurke
3 Frühlingszwiebeln
120 g Möhren
70 g Erdnusskerne,
gesalzen und geröstet

Für die Sauce)
1 Bio-Limette
(unbehandelt, ungewachst)
1 kleine Chilischote
50 g cremige Erdnussbutter
100 g Sweet-Chili-Sauce
2 EL Sojasauce

evtl. ½ Bund Koriandergrün

Pro Portion:
E: 21 g, F: 29 g, Kh: 102 g, kcal: 782

ABENDESSEN
Für den großen Hunger

Bolognese

Zubereitungszeit:
20 Minuten
Garzeit: etwa 30 Minuten

Zutaten für 4 Portionen

2 Möhren (etwa 175 g)
1 Stück Knollensellerie (etwa 70 g)
1 kleine Stange Lauch (etwa 100 g)
1 Knoblauchzehe
1 große Zwiebel (etwa 100 g)
1 EL Olivenöl
300 g mageres Hackfleisch (z. B. Rinder-Tatar, Beefsteakhack oder Geflügelhackfleisch)
1 ½ EL Tomatenmark
2 EL Sojasauce
2–3 Stängel Oregano oder Thymian (ersatzweise 1 TL gerebelter Oregano oder Thymian)
1 Lorbeerblatt
400 g stückige Tomaten (aus der Dose)
200 ml Gemüsebrühe
Salz
gem. Pfeffer

Pro Portion:
E: 20 g, F: 5 g, Kh: 7 g, kcal: 161

1 Möhren und Sellerie putzen, schälen, abspülen und abtropfen lassen. Lauch putzen, die Stange längs halbieren, gründlich waschen und abtropfen lassen. Das Gemüse in etwa ½ cm große Würfel schneiden. Knoblauch und Zwiebel abziehen, sehr fein würfeln.

2 Olivenöl in einer beschichteten Pfanne erhitzen. Das Hackfleisch darin unter Wenden feinkrümelig anbraten. Dabei die Fleischklümpchen mit einer Gabel zerdrücken. Zwiebel- und Knoblauchwürfel hinzugeben und mit anbraten. Tomatenmark unterrühren und kurz kräftig mit anrösten.

3 Dann die Gemüsewürfel unterrühren und alles bei mittlerer Hitze etwa 5 Minuten unter Rühren braten. Sojasauce hinzugeben und alles unter Rühren weitere etwa 2 Minuten braten.

4 Oregano oder Thymian abspülen und trocken tupfen. Lorbeerblatt und Oregano oder Thymian zur Hackfleischmasse geben. Tomatenstücke und Brühe unterrühren. Mit Salz und Pfeffer würzen. Die Bolognesesauce bei schwacher bis mittlerer Hitze unter gelegentlichem Rühren ohne Deckel etwa 20 Minuten einkochen lassen.

Serviere die Bolognesesauce zu Gemüsenudeln aus Zucchini, zu Spaghetti oder Reis.

Zum raschen Zerkleinern des Gemüses kannst du auch einen Multi-Zerkleinerer oder Mixer mit Puls-/Intervall-Funktion nutzen.

Chili sin Carne

Zubereitungszeit:
25 Minuten
Garzeit: etwa 20 Minuten
Vegetarisch

Zutaten für 2 Portionen
1 Zwiebel
1 Knoblauchzehe
1 Möhre (etwa 100 g)
je ½ rote, gelbe und
grüne Paprikaschote
1 kleine Aubergine (200–250 g)
1 kleine Zucchini (etwa 200 g)
1–1 ½ EL Olivenöl
1 kleiner Stängel Rosmarin
½ Bund Thymian
400 g geschälte Tomaten
(aus der Dose)
400 g Kidneybohnen
(aus der Dose)
evtl. 2–3 Stängel Petersilie
Salz
gem. Pfeffer

Pro Portion:
E: 18 g, F: 10 g, Kh: 38 g, kcal: 313

1 Zwiebel und Knoblauch abziehen, beides in kleine Würfel schneiden. Möhre putzen, schälen, abspülen und abtropfen lassen. Die Paprikaschotenhälften abspülen, abtropfen lassen, vierteln, entstielen, entkernen und die weißen Scheidewände entfernen. Aubergine und Zucchini abspülen, abtrocknen und die Enden bzw. Stängelansätze entfernen. Möhre, Paprikaschoten, Aubergine und Zucchini in ½–1 cm große Würfel schneiden.

2 Olivenöl in einem Topf erhitzen. Zwiebel- und Knoblauchwürfel darin bei mittlerer Hitze 1–2 Minuten andünsten. Die Gemüsewürfel hinzugeben und alles unter gelegentlichem Rühren etwa 3 Minuten mitdünsten.

3 Rosmarin und Thymian abspülen und trocken tupfen. Die Tomaten in der Dose mit einem Messer etwas kleiner schneiden, dann zusammen mit den Kidneybohnen (mit der Flüssigkeit!) und den Kräuterstängeln in den Topf geben.

4 Die Zutaten zum Kochen bringen und zugedeckt etwa 15 Minuten bei schwacher Hitze kochen lassen. Dabei ab und zu umrühren.

5 In der Zwischenzeit nach Belieben Petersilie abspülen, trocken tupfen und die Blättchen von den Stängeln zupfen. Blättchen klein schneiden.

6 Die Kräuterstängel aus dem Topf entfernen. Chili mit Salz und Pfeffer abschmecken, mit Petersilie bestreut servieren.

Schärfer wird das Chili mit einer gewürfelten Chilischote oder ein paar Spritzern Tabasco.
Eine Nacht ziehen lassen und das Chili schmeckt doppelt so gut.

Fried Rice

Zubereitungszeit:
45 Minuten
Garzeit: etwa 3 ½ Minuten
Vegetarisch

Zutaten für 4 Portionen
225 g Vollkorn-Basmatireis
Salz
3 Knoblauchzehen
40 g frischer Ingwer
½–1 rote Chilischote
2 rote Zwiebeln
250 g Möhren
250 g Pak-Choi
(chinesischer Senfkohl)
150 g Mungobohnensprossen
150 g Ananas-Fruchtfleisch
2 Eier (Größe M)
1 TL mildes Currypulver
7 EL Speiseöl
2 EL brauner Rohrzucker
3 EL asiatische Pilzsauce,
z. B. Mushroom-Sojasauce
3 EL Sojasauce
fein abger. Schale
von 1 Bio-Limette
(unbehandelt, ungewachst)

Zum Bestreuen:
8 Stängel Koriander

Pro Portion:
E: 12 g, F: 23 g, Kh: 67 g, kcal: 524

1 Reis in kochendem Salzwasser nach Packungsanleitung garen. Den Reis in einem Sieb abtropfen lassen, in eine Schüssel geben und erkalten lassen. Den Reis mit einer Gabel auflockern.

2 Knoblauch abziehen. Den Ingwer schälen, beides in kleine Würfel schneiden. Chilischote abspülen, trocken tupfen und entstielen. Chilischote mit den Kernen klein schneiden.

3 Zwiebeln abziehen und in etwa 1 cm breite Spalten schneiden. Möhren putzen, schälen, abspülen, abtropfen lassen, in dünne Streifen schneiden.

4 Pak-Choi putzen, gründlich abspülen, abtropfen lassen, die Blätter abschneiden und grob zerzupfen. Die Stiele einmal längs durchschneiden. Sehr kleine Blätter längs halbieren.

5 Sprossen abspülen und gut abtropfen lassen. Ananas-Fruchtfleisch in etwa 1 cm breite Stücke schneiden. Die Eier mit etwas Salz und Curry verschlagen.

6 Das Speiseöl in einem großen Wok erhitzen. Möhrenstreifen, Zwiebelspalten, Chili, Ingwer und Knoblauchwürfel darin etwa 2 Minuten unter Rühren anbraten. Reis hinzugeben und etwa 1 Minute mitbraten lassen.

7 Die Pak-Choi-Stiele und Sprossen untermischen und etwa ½ Minute mit anbraten. Pak-Choi-Blätter und Ananasstücke mit Zucker, Pilzsauce, Sojasauce und Limettenschale unterrühren. Alle Zutaten an den Wokrand schieben.

8 Die verschlagenen Eier in die Mitte des Woks geben, stocken lassen und mit dem Pfannenwender grob zerteilen.

9 Koriander abspülen, trocken tupfen und die Blättchen von den Stängeln zupfen. Blättchen grob zerkleinern. Fried Rice auf vorgewärmten Tellern anrichten und mit Koriander bestreuen.

Gratinierte Räucherlachs-Pasta

Zubereitungszeit: 15 Minuten
Garzeit: 16–20 Minuten

Zutaten für 4 Portionen
- 300 g Cocktailtomaten
- 400–500 g frische Nudeln oder frische Gnocchi (aus dem Kühlregal)
- 125 g Räucherlachs, in Scheiben
- 2–3 TL Pesto alla genovese (aus dem Glas)

Für die Sauce:
- 400 ml Milch (3,5 % Fett)
- 150 g Doppelrahm-Frischkäse
- 1 TL Speisestärke
- 100 g junger, ger. Parmesan
- gem. Pfeffer
- Salz
- evtl. etwas ger. Muskatnuss

Zum Garnieren:
- evtl. Basilikumblättchen

Pro Portion:
E: 28 g, F: 31 g, Kh: 26 g, kcal: 498

1 Den Backofen vorheizen.
Ober-/Unterhitze: etwa 240 °C
Heißluft: etwa 220 °C

2 Tomaten abspülen, abtrocknen, halbieren und die Stängelansätze herausschneiden. Die Nudeln und Tomaten in einer großen, flachen Auflaufform (gefettet) verteilen.

3 Räucherlachsscheiben auf einer Arbeitsfläche ausbreiten, mit Pesto bestreichen, aufrollen und in etwa 4 cm lange Stücke schneiden. Die Lachsröllchen zwischen die Nudeln setzen.

4 Für die Sauce Milch in einem Topf erhitzen. Frischkäse, Speisestärke und 50 g Parmesan in einer Schüssel verschlagen und mit einem Schneebesen unter die Milch rühren. Mit Pfeffer, Salz und nach Belieben mit Muskat würzen. Die Sauce gleichmäßig über die Nudel-Mischung gießen. Mit restlichem Parmesan bestreuen.

5 Die Form mit einem passenden Deckel oder mit Alufolie verschließen. Die Form auf dem Rost in den vorgeheizten Backofen schieben. Räucherlachs-Pasta 13–15 Minuten gratinieren.

6 Dann den Deckel oder die Alufolie entfernen und die Räucherlachs-Pasta in weiteren 3–5 Minuten knusprig fertig backen.

7 Die gebackene Pasta auf Tellern verteilen und nach Belieben mit abgespülten, trocken getupften Basilikumblättchen garniert anrichten.

Bereite die Sauce zusätzlich mit einigen Kräutern zu.

Hähnchenbrust mit Mozzarella

Zubereitungszeit:
etwa 30 Minuten
Bratzeit: etwa 10 Minuten
Grillzeit: 5–10 Minuten

Zutaten für 1–2 Portionen
2 Hähnchenbrustfilets
ohne Haut (je etwa 150 g)
Salz
gem. Pfeffer
1 Tomate
½ Packung (etwa 60 g)
Mozzarella
1½ EL Speiseöl,
z. B. Sonnenblumenöl
einige Basilikumblättchen

Zusätzlich:
1 backofenfeste Pfanne oder
Auflaufform

Pro Portion:
E: 55 g, F: 12 g, Kh: 2 g, kcal: 340

1 Den Backofengrill vorheizen. Hähnchenbrustfilets mit Küchenpapier abtupfen, mit Salz und Pfeffer würzen.

2 Tomate abspülen, abtrocknen, die Stängelansätze herausschneiden. Tomate in 4 Scheiben schneiden. Abgetropften Mozzarella ebenso in 4 Scheiben schneiden.

3 Öl in einer backofenfesten Pfanne erhitzen. Die Hähnchenbrustfilets darin etwa 10 Minuten von beiden Seiten braten.

4 Jedes Filet zuerst mit je 2 Tomatenscheiben belegen und mit Pfeffer bestreuen, dann mit je 2 Mozzarellascheiben belegen und ebenfalls mit Pfeffer bestreuen.

5 Die Pfanne auf dem Rost unter den heißen Grill in den Backofen schieben und die Filets 5–10 Minuten übergrillen, bis der Käse zerläuft (wer keine backofenfeste Pfanne hat, kann die Filets auch nach dem Anbraten in eine gefettete Auflaufform umfüllen).

6 Die übergrillten Filets vor dem Servieren mit Basilikumblättchen garnieren.

Dazu schmecken sehr gut Kartoffelecken mit Cocktailtomaten, Ciabatta oder Knoblauchtoast und Eisbergsalat.
Wenn du keinen Backofengrill hast, den Backofen vorheizen. Die Pfanne (Auflaufform) bei etwa 220 °C (Ober-/Unterhitze) oder etwa 200 °C (Heißluft) auf dem Rost in den vorgeheizten Backofen schieben und die Hähnchenbrustfilets 5–10 Minuten überbacken, bis der Käse zerläuft.

Käsespätzle

Zubereitungszeit:
45 Minuten, ohne Ruhezeit
Überbackzeit: 10–15 Minuten
Vegetarisch

Zutaten für 4 Portionen

Für die Spätzle:
Salz
500 g frische Spätzle
(aus dem Kühlregal)
250 g ger., mittelalter Käse
z. B. Gouda oder Emmentaler

Zum Garnieren:
300 g Zwiebeln
75 g Butter
½ Bund glatte Petersilie

Pro Portion:
E: 29 g, F: 33 g, Kh: 71 g, kcal: 703

1 Den Backofen vorheizen.
Ober-/Unterhitze: etwa 220 °C
Heißluft: etwa 200 °C

2 Für die Spätzle Wasser in einem großen Topf zugedeckt zum Kochen bringen. Salz und Spätzle ins kochende Wasser geben. Die Spätzle im geöffneten Topf bei mittlerer Hitze nach Packungsanleitung bissfest kochen, dabei gelegentlich umrühren.

3 Gegarte Spätzle in ein Sieb geben und abtropfen lassen. Die Spätzle abwechselnd mit dem Käse in eine große, flache Auflaufform (gefettet) schichten (die oberste Schicht sollte aus Käse bestehen). Die Form auf dem Rost in den vorgeheizten Backofen schieben. Käsespätzle 10–15 Minuten überbacken.

4 Zum Garnieren Zwiebeln abziehen, zuerst in Scheiben schneiden, dann in Ringe teilen. Butter in einer Pfanne zerlassen, Zwiebelringe darin goldbraun braten und herausnehmen. Petersilie abspülen und trocken tupfen. Die Blättchen von den Stängeln zupfen und klein schneiden Petersilie und Zwiebeln auf den Spätzle verteilen.

Für **selbst gemachte Spätzle** 400 g Weizenmehl in eine Rührschüssel geben und in die Mitte eine Vertiefung drücken. 4 Eier (Größe M) mit 1 gestrichenen Teelöffel Salz und 125 ml Wasser verschlagen. Etwas von der Eierflüssigkeit in die Vertiefung gießen und mit einem Mixer (Knethaken) von der Mitte aus mit dem Mehl verrühren. Restliche Eierflüssigkeit nach und nach hinzugießen. Den Teig so lange rühren, bis er Blasen wirft. Den Teig zugedeckt etwa 15 Minuten ruhen lassen. 4 l Wasser in einem großen Topf zum Kochen bringen, 4 gestrichene Teelöffel Salz hinzufügen. Den Teig portionsweise mit einem Spätzlehobel oder durch eine Spätzlepresse in das kochende Salzwasser geben. Die Spätzle 3–5 Minuten gar kochen (die Spätzle sind gar, wenn sie an der Oberfläche schwimmen). Die Spätzle in ein Sieb geben, kurz mit kaltem Wasser abspülen und abtropfen lassen.

Knusper-Backofen-Schnitzel

Zubereitungszeit:
10 Minuten
Bratzeit: etwa 25 Minuten

Zutaten für 4 Portionen
4 Putenschnitzel
(je 150 g; etwa 1 cm dick)
1 EL Weizenmehl
35 g Pankobrösel
(japanisches Paniermehl)
1 Ei (Größe S)
1 EL Wasser
4–5 EL Sonnenblumenöl
Salz
gem. Pfeffer
1 TL Paprikapulver edelsüß

Pro Srück:
E: 39 g, F: 13 g, Kh: 8 g, kcal: 308

1 Den Backofen vorheizen.
Ober-/Unterhitze: etwa 220 °C
Heißluft: etwa 200 °C

2 Schnitzel mit Küchenpapier abtupfen und mit Mehl bestäuben. Überschüssiges Mehl leicht abklopfen. Pankobrösel in einen tiefen Teller geben. In einem weiteren tiefen Teller das Ei mit dem Wasser verschlagen.

3 Die Schnitzel zuerst durch das verschlagene Ei ziehen, am Tellerrand abstreifen. Dann in den Pankobröseln wenden. Die Panade leicht andrücken. Schnitzel nebeneinander auf einem Backblech (mit Backpapier belegt) oder in einer Auflaufform (mit Backpapier ausgelegt) verteilen.

4 Sonnenblumenöl mit etwas Salz, Pfeffer und Paprika verrühren. Die Schnitzel mit der Ölmischung bestreichen. Das Backblech oder die Form auf dem Rost in den vorgeheizten Backofen schieben. Die Schnitzel etwa 25 Minuten braten. Dabei die Schnitzel während des Bratens einmal vorsichtig wenden.

Als schnell gemachte, leichte und frische Beilage eignet sich ein Tomaten-Salat.
Sofern vorhanden, etwa 10 Minuten vor Ende der Garzeit die Grillfunktion des Backofens hinzuschalten, damit die Schnitzel so eine besonders knusprige Kruste bekommen. Dabei darauf achten, dass die Kruste nicht verbrennt.
Leckere Variations-Ideen für die Panade: Aromatisiere die Brösel mit getrockneten Kräutern der Provence, Sesamsamen, Röstzwiebeln oder auch mal mit Senfkörnern.
Anstelle der Pankobrösel kannst du auch normale Semmelbrösel verwenden.

Kürbis-Quiche

1 Den Backofen vorheizen.
Ober-/Unterhitze: etwa 220 °C
Heißluft: etwa 200 °C

2 Für den Streuselteig Mehl mit Salz, Butter oder Margarine, Ei und Wasser in eine Rührschüssel geben. Die Zutaten mit einem Mixer (Rührstäbe) zuerst auf niedrigster Stufe, dann auf höchster Stufe zu feinen Streuseln verarbeiten.

3 Die Streusel in einer Springform (Ø 26 cm, gefettet, mit Backpapier belegt) verteilen, mit einem Löffelrücken oder leicht bemehlten Händen zu einem Boden andrücken und einen kleinen Rand formen.

4 Für die Füllung Kürbis abspülen, abtrocknen, entkernen und grob raspeln. Schmand mit den Eiern und Kräutern verschlagen. Kürbisraspel unterrühren, mit Salz und Pfeffer kräftig würzen. Die Kürbis-Schmand-Mischung auf dem Streuselboden verteilen. Feta fein zerkrümeln oder raspeln und daraufstreuen.

5 Die Form auf dem Rost in den vorgeheizten Backofen (unteres Drittel) schieben. Die Quiche etwa 30 Minuten backen.

6 Die Kürbis-Quiche vor dem Anschneiden und Servieren etwa 3 Minuten abkühlen lassen.

Statt mit Kräutern die Kürbismischung mit etwas Curry und grob geschrotetem Chili würzen. Zusätzlich etwa 250 g geräucherte Hähnchenbrust in Würfel schneiden und mit der Kürbis-Mischung auf dem Boden verteilen.

Zubereitungszeit:
25 Minuten
Backzeit: etwa 30 Minuten
Vegetarisch

Zutaten für 12 Stücke

Für den Streuselteig:
200 g Weizenmehl
½ TL Salz
90 g Butter oder Margarine (zimmerwarm)
1 Ei (Größe M)
1–2 EL kaltes Wasser

Für die Füllung:
½ kleiner Hokkaido-Kürbis (etwa 250 g Kürbisfruchtfleisch)
200 g Schmand (Sauerrahm)
2 Eier (Größe M)
1–2 TL gerebelter Salbei, Thymian oder Rosmarin
Salz
gem. Pfeffer
125 g Fetakäse

Pro Stück:
E: 6 g, F: 14 g, Kh: 14 g, kcal: 208

Zubereitungszeit:
etwa 30 Minuten
Garzeit: etwa 1 Stunde
Vegetarisch

Zutaten für 4 Portionen
500 g kleine Kartoffeln
250 g Bundmöhren
275 g Pastinaken
300 ml Gemüsebrühe
2 EL Olivenöl
Salz
10 Wacholderbeeren
1 TL Koriandersamen
1 kleiner Speisekürbis (etwa 300 g, z. B Hokkaido-Kürbis)
1 TL Voll-Rohrzucker
1/4 TL Cayennepfeffer
4 Stängel Thymian

Für das Pesto:
25 g Walnusskernhälften
½ Bund glatte Petersilie
2 EL Walnussöl
3 EL Olivenöl
1 TL mittelscharfer Senf
gem. Pfeffer
25 g fein ger. Bergkäse

Pro Portion:
E: 8 g, F: 25 g, Kh: 34 g, kcal: 407

Ofengemüse mit Walnusspesto

1 Den Backofen vorheizen.
Ober-/Unterhitze: etwa 200 °C
Heißluft: etwa 180 °C

2 Die Kartoffeln unter fließendem kalten Wasser abbürsten, trocken tupfen und mit der Schale halbieren. Möhren und Pastinaken putzen, schälen, abspülen, abtropfen lassen und der Länge nach halbieren oder vierteln. Kartoffeln, Möhren und Pastinaken auf das Backblech legen.

3 150 ml der Brühe mit Öl, Salz, Wacholderbeeren und Koriandersamen verrühren. Kartoffeln und Gemüse damit begießen. Das Backblech in den vorgeheizten Backofen (unteres Drittel) schieben. Die Kartoffeln mit dem Gemüse etwa 20 Minuten garen. Dabei nach und nach etwas Brühe hinzugießen.

4 Inzwischen den Kürbis abspülen, abtrocknen, halbieren und in etwa 3 cm breite Spalten schneiden. Die Kerne mit dem faserigen Innenteil herausschneiden. Kürbisspalten mit Salz, Zucker und Cayennepfeffer würzen. Thymian abspülen und trocken tupfen.

5 Kürbisspalten und Thymianstängel zu den Kartoffeln und dem Gemüse auf das Backblech geben, dabei die Kartoffeln und das Gemüse wenden. Das Ganze weitere etwa 40 Minuten garen, dabei nach und nach die restliche Brühe hinzugießen, Gemüse und Kartoffeln nochmals wenden.

6 Inzwischen für das Pesto die Walnusskerne grob hacken. Petersilie abspülen, trocken tupfen und die Blättchen von den Stängeln zupfen.

7 Walnusskerne fein hacken und mit Petersilie, Walnussöl, Olivenöl, Senf, Salz und Pfeffer mit einem Pürierstab zu einem Pesto pürieren. Pesto in eine Schüssel geben. Bergkäse unter das Pesto rühren. Das Ofengemüse mit dem Walnusspesto beträufeln und heiß servieren.

One Pot Mac'n'Cheese

1 Chilischote längs halbieren, entkernen, abspülen und klein schneiden. Milch, Butter, Lorbeerblatt, Chili und Nudeln in einem Topf unter ständigem Rühren zum Kochen bringen und etwa 10 Minuten bei mittlerer Hitze unter ständigem Rühren köcheln lassen, bis die Nudeln die Flüssigkeit aufgenommen haben.

2 Geriebenen Käse zu den Nudeln in den Topf geben und so lange verrühren, bis der Käse geschmolzen ist. Mit Salz und Pfeffer abschmecken.

3 Das Nudelgericht mit frischen Kräutern bestreuen und sofort servieren.

Am besten eignet sich ein beschichteter Topf, da das Gericht leicht anbrennt.
Du kannst zusätzlich einen Teelöffel Senf unter die Nudeln rühren.

Vorbereitungszeit:
5 Minuten
Garzeit: etwa 15 Minuten
Vegetarisch

Zutaten für 4 Portionen
1 kleine Chilischote
650 ml Milch (3,5 % Fett)
2–3 EL Butter
1 Lorbeerblatt
250 g kurze Nudeln, z. B. kurze Makkaroni, Pipe rigate oder Hörnchennudeln
etwa 100 g ger. würziger Käse, z. B. Cheddar, Bergkäse, Gruyère, Emmentaler oder Parmesan
Salz
gem. Pfeffer
2–3 EL klein geschnittene Kräuter, z. B. Schnittlauch oder Petersilie

Pro Portion:
E: 20 g, F: 21 g, Kh: 52 g, kcal: 486

Zubereitungszeit:
50 Minuten
Garzeit: etwa 30 Minuten

Zutaten für 2 Portionen
2 rote Paprikaschoten
1 Stange Lauch
200 g Hähnchenbrustfilet
2 EL Olivenöl
2 EL orientalische
Gewürzmischung
2 EL Tomatenmark
2 TL gekörnte Hühnerbrühe
2 Knoblauchzehen
100 g getrocknete Aprikosen
240 g abgetropfte
Kichererbsen (aus der Dose)
Salz
gem. Pfeffer

125 g Instant-Couscous
1 EL Butter
½ Bund glatte Petersilie

Pro Portion:
E: 47 g, F: 22 g, Kh: 97 g, kcal: 843

Orientalisches Aprikosen-Hähnchen

1 Die Paprikaschoten halbieren, entstielen, entkernen und die weißen Scheidewände entfernen. Paprikaschoten abspülen, abtropfen lassen und in große Würfel schneiden. Lauch putzen, die Stange längs halbieren, gründlich waschen, abtropfen lassen und in breite Scheiben schneiden. Hähnchenbrustfilet mit Küchenpapier abtupfen und ebenfalls in große Würfel schneiden.

2 Olivenöl in einem Topf erhitzen. Die Hähnchenwürfel darin von allen Seiten anbraten. Vorbereitetes Gemüse hinzugeben und kurz mitbraten lassen. Gewürzmischung, Tomatenmark und Hühnerbrühe hinzugeben, mit 500 ml Wasser ablöschen, zum Kochen bringen und unter gelegentlichem Rühren bei mittlerer Hitze ohne Deckel etwa 20 Minuten kochen lassen.

3 Knoblauch abziehen und in feine Scheiben schneiden. Die Aprikosen vierteln. Knoblauchscheiben, Aprikosenviertel und Kichererbsen zum gegarten Gemüse und den Hähnchenwürfeln in den Topf geben, unterrühren und weitere etwa 10 Minuten mitkochen lassen. Mit Salz und Pfeffer abschmecken.

4 Den Couscous nach Packungsanleitung zubereiten und 1 Esslöffel Butter unterrühren.

5 Die Petersilie abspülen, trocken tupfen und die Blättchen von den Stängeln zupfen. Blättchen klein. Couscous mit dem Aprikosen-Hähnchen anrichten und mit der Petersilie bestreut servieren.

Abendessen

Paprika-One-Pot-Pasta

1 Zwiebeln abziehen und in feine Spalten schneiden. Knoblauch abziehen und in feine Würfel schneiden. Paprikaschoten halbieren, entstielen, entkernen und die weißen Scheidewände entfernen. Schoten abspülen, trocken tupfen und in 2–3 cm große Stücke schneiden.

2 Olivenöl in einem großen Topf erhitzen. Zwiebelspalten, Knoblauchwürfel und Lorbeerblatt darin unter Wenden andünsten. Nudeln und Paprikastücke hinzufügen, kurz mit andünsten. Mit Brühe ablöschen, mit Salz und Pfeffer würzen. Die Zutaten durchrühren und bei schwacher bis mittlerer Hitze zum Kochen bringen.

3 Den Pasta-Topf zugedeckt unter gelegentlichem Rühren bei schwacher bis mittlerer Hitze etwa 8 Minuten garen.

4 In der Zwischenzeit Tomaten abspülen, trocken tupfen, halbieren und die Stängelansätze herausschneiden. Kochschinken oder Putenbrust in breite Streifen schneiden.

5 Mais und Frischkäse unter den Pasta-Topf rühren. Nochmals bei schwacher bis mittlerer Hitze erhitzen, Tomatenhälften unterheben. One-Pot-Pasta bei schwacher Hitze unter vorsichtigem Rühren evtl. noch etwas leicht sämig einkochen lassen.

6 Basilikum abspülen, trocken tupfen und die Blättchen von den Stängeln zupfen. One-Pot-Pasta nochmals abschmecken, mit Basilikumblättchen bestreut anrichten und servieren.

Zubereitungszeit:
15 Minuten
Garzeit: etwa 10 Minuten

Zutaten für 4 Portionen
2 kleine Zwiebeln
1 Knoblauchzehe
je 1 rote und grüne Paprikaschote (je etwa 210 g)
1 TL Olivenöl
1 Lorbeerblatt
350 g kleine Penne (Nudeln)
900 ml Gemüsebrühe (Instant)
Salz
gem. Pfeffer
150 g Cocktailtomaten
evtl. 100 g magerer Kochschinken oder gegarte Putenbrust
140 g abgetropfter Gemüsemais (aus der Dose)
100 g fettreduzierter Kräuter-Frischkäse (14 % Fett absolut)
½ Bund Basilikum

Pro Portion:
E: 25 g, F: 9 g, Kh: 75 g, kcal: 494

Pho mit Rindfleisch

Zubereitungszeit:
15 Minuten
Garzeit: 10–14 Minuten

Zutaten für 4 Portionen
1 Stück frischer Ingwer (etwa 4 cm)
2 Knoblauchzehen
2 Stängel Zitronengras
2 EL Sesamöl
2 Sternanis
150 g Shiitakepilze oder rosé Champignons
1 l kräftige Gemüse- oder Fleischbrühe
400 g Mini-Pak-Choi
1 kleine Bio-Limette (unbehandelt, ungewachst)
1 kleine rote Chilischote
125 g Mungobohnensprossen
Sojasauce
200–300 g Roastbeef-Aufschnitt
2–3 EL Sesamsamen

Pro Portion:
E: 18 g, F: 17 g, Kh: 6 g, kcal: 254

1 Ingwer schälen und Knoblauch abziehen, beides in feine Würfel schneiden. Zitronengras putzen, dafür die äußeren, evtl. angetrockneten Blätter entfernen. Den Stängel halbieren und mit einem Fleischklopfer oder einem anderen schweren Gegenstand leicht plattieren.

2 Sesamöl in einem Topf erhitzen. Ingwer-, Knoblauchwürfel und Zitronengras darin unter Wenden andünsten. Sternanis hinzugeben und kurz mitdünsten.

3 Die Pilze putzen, evtl. feste Stiele abschneiden. Pilze evtl. kurz abspülen, gut trocken tupfen und in Scheiben schneiden. Pilzscheiben mit in den Topf geben und unter Wenden etwa 2 Minuten anbraten. Die Brühe hinzugießen, zum Kochen bringen und etwa 5 Minuten bei schwacher Hitze kochen lassen.

4 Pak Choi putzen, abspülen und abtropfen lassen. Pak Choi zur Brühe in den Topf geben und etwa 2 Minuten mitkochen lassen.

5 In der Zwischenzeit Limette heiß abwaschen, abtrocknen und in Scheiben schneiden. Die Chilischote putzen, abspülen, trocken tupfen und entstielen. Chilischote in Stücke schneiden.

6 Sprossen verlesen, mit kaltem Wasser gründlich abspülen und abtropfen lassen. Sprossen, Limettenscheiben und Chilistücke in die Brühe geben und alle Zutaten weitere 3–4 Minuten kochen lassen.

7 Limettenscheiben nach Belieben aus der Brühe entfernen. Brühe mit Sojasauce abschmecken. Gemüse und Brühe in vorgewärmten Suppenschalen verteilen, Roastbeefscheiben aufrollen und darauf anrichten. Mit Sesam bestreut servieren.

Statt Pak Choi kann auch 400 g geputzter, in breite Streifen geschnittener Chinakohl mit in der Brühe gegart werden.

Pizza Margherita

1 Den Backofen vorheizen.
Ober-/Unterhitze: etwa 200 °C
Heißluft: etwa 180 °C

2 Für den Teig Mehl in eine Rührschüssel sieben, mit Trockenbackhefe sorgfältig vermischen. Zucker, Salz, Olivenöl und Wasser hinzufügen. Die Zutaten mit einem Mixer (Knethaken) zunächst kurz auf niedrigster, dann auf höchster Stufe in etwa 5 Minuten zu einem glatten Teig verarbeiten. Den Teig zugedeckt so lange an einem warmen Ort gehen lassen, bis er sich sichtbar vergrößert hat, etwa 30 Minuten.

3 Den gegangenen Teig leicht mit Mehl bestäuben, aus der Schüssel nehmen, auf einer bemehlten Arbeitsfläche nochmals kurz durchkneten und auf einem Backblech (30 x 40 cm, gefettet) ausrollen.

4 Für den Belag Tomaten kreuzweise einschneiden und mit kochendem Wasser übergießen. Nach 1–2 Minuten herausnehmen und mit kaltem Wasser abschrecken. Tomaten häuten, halbieren und die Stängelansätze herausschneiden. Tomatenhälften in Scheiben schneiden. Mozzarella abtropfen lassen und in Scheiben schneiden.

5 Tomaten- und Mozzarellascheiben auf dem Teig verteilen. Mit Salz und Pfeffer bestreuen. Basilikumblättchen abspülen und trocken tupfen. Blättchen klein schneiden und auf die Pizza legen. Mit Parmesan bestreuen und mit Olivenöl beträufeln.

6 Das Backblech in den Backofen schieben. Die Pizza 25–30 Minuten backen.

Die Pizza kann noch mit weiteren Zutaten belegt werden. Zum Beispiel mit Paprika und Salami, Thunfisch und Zwiebeln, Spinat und Knoblauch oder mit Champignonscheiben. Deiner Fantasie sind dabei keine Grenzen gesetzt.

Zubereitungszeit:
etwa 60 Minuten, ohne Teiggeh- oder Ruhezeiten
Teiggehzeit: etwa 30 Minuten
Backzeit: 25–30 Minuten

Zutaten für 4 Portionen

Für den Hefeteig:
300 g Weizenmehl
1 Pck. Trockenbackhefe
½ TL Zucker
1 gestr. TL Salz
3 EL Olivenöl
125 ml lauwarmes Wasser

Für den Belag:
400 g Tomaten
250 g Mozzarella
Salz
gem. Pfeffer
12 Basilikumblättchen
50 g ger. Parmesan
3 EL Olivenöl

Pro Portion:
E: 25 g, F: 35 g, Kh: 58 g, kcal: 648

Pulled Pork aus dem Backofen

Zubereitungszeit
35 Minuten, ohne Marinierzeit
Garzeit: 10–11 Stunden

Zutaten für 16 Portionen

Für die Trockenmarinade (Rub):
60 g brauner Zucker
2 EL Paprikapulver edelsüß
1 EL Paprikapulver rosenscharf
1 EL Currypulver
½ EL Chilipulver
1 EL Kreuzkümmel (Cumin)
1 EL Pimentpulver
1 EL Ingwerpulver
1 EL gerebelter Oregano
2–3 EL Röstzwiebeln
2 EL gem. schwarzer Pfeffer
1 EL Knoblauchgranulat oder -pulver
3 EL Rauchsalz

etwa 2,5 kg Schweinenacken oder Schweineschulter mit Schwarte

Zusätzlich:
Ofenform mit Rost

Pro Portion:
E: 27 g, F: 21 g, Kh: 6 g, kcal: 316

1 Für die Trockenmarinade (Rub) alle Gewürze in eine Schale geben und gut vermischen. Bei Bedarf können die Zutaten auch in einen Blitzhacker gegeben und fein zerkleinert werden.

2 Den Schweinenacken mit Küchenpapier abtupfen und großzügig mit der Trockenmarinade einreiben. Die Trockenmarinade gut ins Fleisch einmassieren. Das Fleisch in Frischhaltefolie wickeln und mindestens 3 Stunden oder über Nacht im Kühlschrank marinieren lassen. Sollte etwas Trockenmarinade übrigbleiben, kann sie in einem wiederverschließbaren Gefäß aufbewahrt werden.

3 Nach dem Marinieren den Backofen vorheizen.
Ober-/Unterhitze: etwa 110 °C
(Heißluft nicht empfehlenswert)

4 Vorbereiteten Schweinenacken auf den Rost der Ofenform oder auf ein Ofengitter mit Fettpfanne setzen. Falls vorhanden, ein Fleischthermometer verwenden, um den Gargrad des Fleischs zu bestimmen. Hierfür das Thermometer nach Herstellerangaben in das Gargut einstechen und den Schweinenacken in den Backofen stellen.

5 Das Fleisch hin und wieder mit dem austretenden Fleischsaft bestreichen. Das Pulled Pork ist nach 10–11 Stunden fertig. Das Fleisch sollte am Ende eine Temperatur von 92 °C haben.

6 Schweinenacken aus dem Ofen nehmen. Den Sud aus der Ofenform oder der Fettpfanne entfetten.

7 Zum Zerrupfen (Pullen) den Schweinenacken in eine ausreichend große, flache Schale legen. Wenn Schweineschulter verwendet wurde, Schwarte und Fettschicht abnehmen (Vorsicht: heiß!). Mithilfe von zwei Gabeln das Fleisch in mundgerechte Stücke zupfen. Die Gabeln dafür immer wieder ins Fleisch stechen und in entgegengesetzter Richtung auseinanderziehen.

8 Das gezupfte Fleisch mit dem Sud aus der Ofenform oder der Fettpfanne vermischen. Dadurch wird das Pulled Pork noch saftiger.

👨‍🍳 Pulled Pork kann auch zu Folienkartoffeln serviert werden. Dafür fertig gegarte Kartoffeln aufschneiden und mit Pulled Pork und Sauerrahm füllen.

🍴 Für einen **Pulled Pork Burger** (s. Foto) das Fleisch wie angegeben zubereiten. Burger-Brötchen aufschneiden und die Schnittflächen auf dem Toaster oder in der Pfanne anrösten. Die untere Brötchenhälfte mit Barbecue-Sauce und die obere mit Sauerrahm bestreichen. Das Brötchen mit Pulled Pork und Krautsalat belegen.

Abendessen

118

Rote-Bete-Burger

1 Rote Bete und Fetakäse etwas kleiner schneiden, in eine Rührschüssel geben und grob pürieren. Basilikum abspülen und trocken tupfen. Die Blättchen von den Stängeln zupfen. Die Blättchen klein schneiden.

2 Das Rinderhackfleisch in eine Schüssel geben. Rote-Bete-Käse-Gemisch, Basilikum und Ei hinzugeben. Die Zutaten gut unterarbeiten. Mit Salz und Pfeffer würzen.

3 Aus der Hackfleischmasse mit angefeuchteten Händen 6 flache Burger in Größe der Brötchen formen. Diese in die Grillschalen (gefettet) legen.

4 Die Salatblätter abspülen und trocken tupfen oder trocken schleudern. Tomaten abspülen, trocken tupfen und in Scheiben schneiden, dabei die Stängelansätze herausschneiden. Zwiebel abziehen, halbieren und in dünne Scheiben schneiden.

5 Die Grillschalen auf den Grillrost des heißen Grills stellen. Die Burger etwa 20 Minuten grillen, dabei nach etwa der Hälfte der Grillzeit wenden. Die Finn-Brötchen waagerecht durchschneiden und kurz vor dem Ende der Burger-Grillzeit mit auf dem Grill anrösten.

6 Die unteren Brötchenhälften zuerst mit je einem Salatblatt und dann mit den gegrillten Burgern belegen. Jeweils einige Tomaten- und Zwiebelscheiben darauf verteilen. Die oberen Brötchenhälften darauflegen und die Burger sofort servieren.

Für eine vegetarische Variante das Hackfleisch einfach durch vegetarisches Hackfleisch ersetzen.
Die Burger mit einem kleinen Spieß feststecken.
Die Burger kannst du etwa 3 Stunden vor dem Grillen zubereiten, formen und zugedeckt in den Kühlschrank stellen.

Zubereitungszeit:
45 Minuten
Grillzeit: etwa 20 Minuten

Zutaten für 6 Portionen
220 g abgetropfte Rote Bete (aus dem Glas)
150 g Fetakäse
1 kleiner Topf Basilikum
375 g Rinderhackfleisch
1 Ei (Größe M)
Salz
gem. Pfeffer

6 große Salatblätter
3 Tomaten (etwa 150 g)
½ Gemüsezwiebel
6 Finn-Brötchen (Roggenmisch-Toastbrötchen (etwa 400 g)

Zusätzlich:
Grillschalen

Pro Portion:
E: 24 g, F: 21 g, Kh: 35 g, kcal: 426

Rucola-One-Pot-Pasta mit Parmesan-Sauce

Zubereitungszeit:
20 Minuten
Garzeit: etwa 8 Minuten

Zutaten für 4 Portionen
1 große Zwiebel (etwa 120 g)
1 große Knoblauchzehe
4 EL Olivenöl
350 g kurze Makkaroni
1 l Gemüsebrühe
100 g Rucola (Rauke)
½ Bund glatte Petersilie
300 g griechischer Joghurt (10 % Fett)
60 g ger. junger Parmesan
1–2 EL Zitronensaft
Salz
gem. Pfeffer
100 g luftgetrockneter Schinken in hauchfeinen Scheiben, z. B. Parma- oder Serrano-Schinken

Zum Bestreuen:
evtl. etwas ger. junger Parmesan

Pro Portion:
E: 28 g, F: 34 g, Kh: 69 g, kcal: 698

1 Zwiebel und Knoblauch abziehen, in Würfel schneiden. 2 Esslöffel Olivenöl in einem großen Topf erhitzen. Die Zwiebel- und Knoblauchwürfel darin glasig dünsten. Nudeln hinzugeben und die Brühe hinzugießen. Die Nudeln nach Packungsanleitung bissfest kochen, dabei gelegentlich umrühren.

2 In der Zwischenzeit Rucola verlesen und die dicken Stängel abschneiden. Rucola abspülen, gut trocken tupfen oder trocken schleudern. Petersilie abspülen, trocken tupfen und die Blättchen von den Stängeln zupfen.

3 Petersilie mit restlichem Olivenöl, Joghurt, Parmesan und Zitronensaft pürieren. Das Püree unter die Nudeln rühren, unter Rühren erhitzen, aber nicht mehr kochen lassen. Alles noch kurz ziehen lassen, sodass die Nudeln die Sauce noch etwas aufnehmen. Pasta mit Salz und Pfeffer abschmecken.

4 Die Nudeln mit Rucola und Schinken auf Tellern anrichten. Nach Belieben zusätzlich Parmesan zum Bestreuen dazureichen.

Für **Rucolasalat mit Parmesan** 30 g Pinienkerne in einer Pfanne ohne Fett unter Wenden goldbraun rösten, herausnehmen und auf einem Teller erkalten lassen. 125 g Rucola (Rauke) verlesen und die dicken Stiele abschneiden. Rucola abspülen, trocken schleudern oder trocken tupfen, größere Blätter einmal durchschneiden. 200 g Cocktailtomaten abspülen, trocken tupfen, halbieren oder vierteln und eventuell die Stängelansätze herausschneiden. 30 g Parmesan (im Stück) hobeln. 2–3 Esslöffel Balsamico-Essig mit ½ Teelöffel flüssigem Honig, Salz und Pfeffer verrühren. 5 Esslöffel Olivenöl unterschlagen. Rucola auf einer Platte anrichten. Tomaten darauf verteilen und mit der Salatsauce beträufeln. Pinienkerne und gehobelten Parmesan daraufstreuen.

Abendessen

Schakschuka

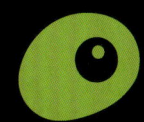

1 Zwiebeln und Knoblauch abziehen, in kleine Würfel schneiden. Tomaten abspülen, abtropfen lassen, halbieren und die Stängelansätze herausschneiden. Die Tomatenhälften in grobe Würfel schneiden. Paprikaschoten halbieren, entstielen, entkernen und die weißen Scheidewände entfernen. Schoten abspülen, abtropfen lassen und klein würfeln. Die Möhren putzen, schälen, abspülen, abtropfen lassen und in Scheiben schneiden.

2 Das Olivenöl in einer großen Pfanne erhitzen. Knoblauch- und Zwiebelwürfel darin andünsten. Tomaten-, Paprikawürfel und Möhrenscheiben hinzugeben, zum Kochen bringen und etwa 15 Minuten bei mittlerer Hitze garen. Das Gemüse mit Ketchup, Harissa, Salz, Pfeffer und Thymian würzen.

3 Eier vorsichtig aufschlagen und auf das gegarte Gemüse setzen. Die Eier stocken lassen. Die Eier-Gemüse-Pfanne sofort servieren.

Schakschuka ist ein klassisches Gericht aus der nordafrikanischen und israelischen Küche.
Garniere das Gericht am Ende mit vorbereiteten Petersilien- oder Korianderblättchen.
Als Beilage zu Schakschuka schmecken Fladenbrot und Pita.
Für Fleischliebhaber können noch Chorizo- oder Sucukscheiben mit angebraten werden.

Zubereitungszeit: 25 Minuten
Garzeit: etwa 15 Minuten
Vegetarisch

Zutaten für 4 Portionen
2 Zwiebeln
2 Knoblauchzehen
3 Fleischtomaten
je 1 rote, gelbe und grüne Paprikaschote
2 Möhren
3 EL Olivenöl
2 EL Tomatenketchup
1 EL Harissa
(afrikanische Gewürzpaste)
Salz
gem. Pfeffer
gerebelter Thymian
8 Eier (Größe M)

Pro Portion:
E: 17 g, F: 20 g, Kh: 19 g, kcal: 338

Süßkartoffelpfanne

Zubereitungszeit:
15 Minuten
Garzeit: 11–13 Minuten
Vegetarisch

Zutaten für 4 Portionen
1 kg rotfleischige Süßkartoffeln
2 Knoblauchzehen
2 rote Chilischoten
1 kleine Gemüsezwiebel
(etwa 150 g)
4 EL Erdnussöl
Salz
½ Bund Koriander
oder Petersilie

Pro Portion:
E: 4 g, F: 11 g, Kh: 50 g, kcal: 336

1 Süßkartoffeln schälen, abspülen, abtropfen lassen und in etwa 1 cm große Würfel schneiden. Knoblauch abziehen und fein würfeln. Chilischoten halbieren, entstielen, entkernen und die weißen Scheidewände entfernen. Die Schoten abspülen, abtropfen lassen und in feine Streifen schneiden. Zwiebel abziehen, halbieren und in Streifen schneiden.

2 Erdnussöl in einer großen Pfanne oder einem Wok erhitzen. Die Kartoffelwürfel darin unter Wenden langsam braten. Nach etwa 5 Minuten Knoblauch, Chili, Zwiebelstreifen und etwas Salz hinzufügen, alles weitere 6–8 Minuten unter Rühren fertig braten.

3 Koriander oder Petersilie abspülen und trocken tupfen. Die Blättchen von den Stängeln zupfen, fein schneiden, unter die Kartoffeln heben und alles zusammen servieren.

Für eine **Süßkartoffelcremesuppe** (8 Portionen) 1,4 kg rotfleischige Süßkartoffeln schälen, abspülen, abtropfen lassen und in grobe Würfel schneiden. 4 Zwiebeln abziehen, halbieren und grob würfeln. 2 rote Chilischoten halbieren, entstielen, entkernen, abspülen, trocken tupfen und in Stücke schneiden. 4 Esslöffel Olivenöl in einem großen Topf erhitzen. Die Süßkartoffel- und Zwiebelwürfel hinzugeben und in dem heißen Fett andünsten. 2 Liter Gemüsebrühe hinzugießen und Chilischotenstücke hinzugeben. Die Zutaten zum Kochen bringen und zugedeckt etwa 20 Minuten garen. Die Suppe mit einem Pürierstab fein pürieren. Dann 200 ml ungesüßte Kokosmilch unterrühren und die Suppe mit Salz, Pfeffer, Muskat, Kardamom oder Currypulver und 1 Prise Zucker abschmecken. Die Süßkartoffelcremesuppe in 8 Suppentassen füllen und mit 2–3 Esslöffeln Schnittlauchröllchen bestreut servieren.

Abendessen

Thunfisch-Wrap-Pizza

Zubereitungszeit:
15 Minuten
Backzeit: etwa 5 Minuten
je Backblech

Zutaten für 4 Portionen
2 rote Zwiebeln (etwa 100 g)
2 Tomaten (je etwa 175 g)
½ rote oder gelbe
Paprikaschote (etwa 100 g)
4 Weizen-Tortilla-Wraps
(je 62–72 g, ø 25 cm,
z. B. mit Leinsamen)
200 g fettreduzierter
Frischkäse mit Buttermilch
(Rahmstufe, 16 % Fett absolut)
140 g abgetropfter Thunfisch,
naturell (aus der Dose)
Salz
gem. Pfeffer
2–3 Stängel frisches Basilikum

Pro Portion:
E: 22 g, F: 7 g, Kh: 42 g, kcal: 327

1 Den Backofen vorheizen.
Ober-/Unterhitze: etwa 230 °C
Heißluft: etwa 210 °C

2 Zwiebeln abziehen, halbieren, zuerst in feine Scheiben schneiden, dann in Ringe teilen. Tomaten abspülen, trocken tupfen und die Stängelansätze herausschneiden. Tomaten in feine Scheiben schneiden. Paprikahälfte entstielen, entkernen und die weißen Scheidewände entfernen. Paprikahälfte abspülen, trocken tupfen und in sehr feine Streifen schneiden.

3 Die Wrap-Fladen auf 2 Backbleche (mit Backpapier belegt) legen. Frischkäse glatt rühren und die Wraps damit bestreichen.

4 Den Thunfisch fein zerzupfen, mit Tomatenscheiben, Paprikastreifen und Zwiebelringen auf den Wrap-Fladen verteilen. Mit etwas Salz und Pfeffer würzen.

5 Die Backbleche nacheinander (bei Heißluft zusammen) in den vorgeheizten Backofen schieben. Die Wrap-Pizzen etwa 5 Minuten je Backblech backen.

6 Basilikum abspülen, trocken tupfen und die Blättchen von den Stängeln zupfen. Blättchen grob zerschneiden. Die Pizzen von den Backblechen nehmen und mit Basilikum bestreut sofort servieren.

Statt Thunfisch eignet sich als würziger Belag für die Wraps auch in feine Streifen geschnittener Lachs- oder fettarmer Landschinken (max. 4 % Fett). Alternativ die Wraps nach dem Backen mit hauchfein aufgeschnittener geräucherter Putenbrust belegen.

DESSERTS & SÜSSE PAUSEN
Rund um die Uhr

Zubereitungszeit:
40 Minuten

Zutaten für 2 Portionen
500 ml Apfelsaft
1 TL flüssiger Honig
125 g Milchreis (Rundkornreis)
1 Apfel (etwa 200 g)
1 EL Zucker
etwa ¼ TL gem. Zimt
1–2 EL Rosinen

Pro Portion:
E: 10 g, F: 1 g, Kh: 219 g,
kcal: 948

Apfel-Milchreis

1 Den Apfelsaft mit dem Honig in einem kleinen Topf verrühren und aufkochen lassen. Den Milchreis hineingeben, umrühren und zum Kochen bringen. Den Milchreis bei schwacher Hitze mit halb aufgelegtem Deckel etwa 30 Minuten quellen lassen, dabei gelegentlich umrühren (damit der Reis nicht anbrennt).

2 In der Zwischenzeit Apfel abspülen, abtrocknen, vierteln und das Kerngehäuse entfernen. Apfelviertel zuerst in dünne Spalten schneiden, 3 Apfelspalten zum Garnieren beiseitelegen. Restliche Apfelspalten in kleine, mundgerechte Stücke schneiden. Zucker mit Zimt vermischen.

3 Die Apfelstücke unter den Milchreis rühren. Den Milchreis mit den beiseitegelegten Apfelstücken, dem Zimtzucker und den Rosinen kalt oder warm genießen.

Der Milchreis schmeckt auch mit anderem Obst (frisch oder aus der Dose) oder mit Kompott.
Kein Rosinen-Fan? Dann statt Rosinen Nüsse oder Kerne (gestiftelte Mandeln, Sonnenblumenkerne usw.) nehmen. Diese für ein intensives Aroma am besten zuvor noch in einer Pfanne ohne Fett unter Wenden anrösten.
Mehr Cremigkeit gewünscht? Dafür zusätzlich 150 g Joghurt unter den Apfel-Reis rühren.
Lieber klassisch? Statt Apfelsaft und Honig die gleiche Menge Milch und Zucker verwenden und den Milchreis wie im Rezept beschrieben zubereiten.
Schmeckt auch: Für Orangen-Reis den Apfelsaft durch die gleiche Menge Orangensaft ersetzen. Statt des Apfels 1 Orange schälen, in Spalten teilen und in Stücke schneiden.

Apple Caramel Dump Cake

1 Einen Backpapierbogen auf 32 cm Breite zurechtschneiden. Eine 1 rechteckige Backform (gefettet) mit den Backpapierstreifen auslegen und am Boden und den Seiten fest andrücken. Dabei werden nur zwei Seiten der Form mit dem Backpapier ausgekleidet.

2 Für die Streusel Mehl in eine Rührschüssel geben. Haferflocken, Mandeln, Zucker, Salz und Butter oder Margarine hinzufügen. Die Zutaten mit einem Mixer (Rührstäbe) kurz auf niedrigster, dann auf höchster Stufe zu Streuseln verarbeiten. Die Hälfte der Streusel in die Backform geben, mit einem Löffel gut zu einem Boden andrücken. Backform und restliche Streusel zugedeckt 40 Minuten kühlen.

3 Für die Karamellsauce die Butter in einem kleinen Topf zerlassen. Zucker und Schlagsahne hinzugeben. Die Masse mit einem Schneebesen gut verrühren. Bei mittlerer Hitze unter Rühren den Zucker schmelzen. Karamellsauce zum Kochen bringen und unter Rühren bei schwacher Hitze etwa 10 Minuten kochen lassen. Topf von der heißen Kochstelle ziehen und die Sauce abkühlen lassen.

4 Den Backofen vorheizen.
Ober-/Unterhitze: etwa 180 °C
Heißluft: etwa 160 °C

5 Für die Füllung Äpfel gründlich abspülen, vierteln, entkernen und in kleine Stücke schneiden. Apfelstücke mit Zitronensaft, braunem Zucker und Zimt in einer Rührschüssel mischen. Die Apfelfüllung auf den Streuselboden geben und gleichmäßig verteilen. 3 Esslöffel der Sauce und restliche Streusel auf der Apfelfüllung verteilen.

6 Die Form auf dem Rost in den vorgeheizten Backofen schieben und den Dump Cake 45 Minuten backen.

7 Die Form auf einen Kuchenrost stellen und den Dump Cake etwa 15 Minuten abkühlen lassen. Den Dump Cake in 9 Stücke schneiden und auf einem Teller anrichten. Karamellsauce eventuell nochmals leicht erwärmen. Apple Caramel Dump Cake mit der Karamellsauce servieren.

Zubereitungszeit:
45 Minuten, ohne Kühlzeit
Backzeit: etwa 45 Minuten

Zutaten für 9 Stücke

Für die Streusel:
250 g Weizenmehl
50 g kernige Haferflocken
50 g gehackte Mandelkerne
150 g brauner Zucker
½ gestr. TL Salz
200 g Butter oder Margarine
(zimmerwarm)

Für die Karamellsauce:
120 g Butter
120 g brauner Zucker
100 g Schlagsahne
(mind. 30 % Fett)

Für die Apfelfüllung:
800 g säuerliche Äpfel
(z. B. Boskop)
4 EL Zitronensaft
50 g brauner Zucker
1 gestr. TL gem. Zimt

Zusätzlich:
1 rechteckige Bckform oder
Auflaufform (etwa 32 x 18 cm)

Pro Stück:
E: 6 g, F: 37 g, Kh: 66 g, kcal: 627

Banana Bread

Zubereitungszeit:
etwa 25 Minuten
Abkühlzeit: etwa 5 Minuten
Backzeit: etwa 75 Minuten

Für etwa 12 Scheiben:
300 g Weizenmehl
120 g Haferflocken, blütenzart
200 g abgezogene, gem. Mandeln
1 gestr. TL Natron
2 gestr. TL Backpulver
1 Prise Salz
1 Prise gem. Zimt
½ TL ger. Muskatnuss
60 g Butter (zimmerwarm)
150 g Zucker
2 Eier (Größe M)
250 g Buttermilch
3 Bananen (etwa 600 g)
100 g Zartbitter-Schokolade

Pro Scheibe:
E: 10 g, F: 18 g, Kh: 48 g, kcal: 398

1 Den Backofen vorheizen.
Ober-/Unterhitze: etwa 180 °C
Heißluft: etwa 160 °C

2 Mehl mit Haferflocken, Mandeln, Natron, Backpulver, Salz, Zimt und Muskat in einer Rührschüssel mischen.

3 Butter, Zucker, Eier und Buttermilch hinzugeben. Die Zutaten mit einem Mixer (Rührstäbe) zu einem Teig verrühren.

4 Bananen schälen und mit einer Gabel zerdrücken. Das Bananenmus unter den Teig rühren. Die Schokolade grob hacken und untermischen. Den Teig in eine Kastenform (gefettet, mit Backpapier ausgelegt) geben und glatt streichen. Die Form auf dem Rost in den vorgeheizten Backofen schieben.

5 Das Bananenbrot etwa 75 Minuten backen. Das Brot evtl. nach etwa 30 Minuten Backzeit mit Backpapier belegen, damit es nicht zu dunkel wird.

6 Die Form auf einen Kuchenrost stellen. Das Brot etwa 5 Minuten in der Form abkühlen lassen, dann auf den Kuchenrost stürzen, mitgebackenes Backpapier abziehen. Das Brot wieder umdrehen, in Scheiben schneiden und warm servieren.

Beeren-FroYo

Zubereitungszeit:
25 Minuten
Gefrierzeit: 3–4 Stunden

Zutaten für 4 Portionen
250 g frische Erdbeeren
50 g frische Himbeeren
8 EL Agavendicksaft
½ Vanilleschote
500 g griechischer
Sahnejoghurt (10 % Fett)

Pro Portion:
E: 5 g, F: 13 g, Kh: 23 g, kcal: 233

1 200 g der Erdbeeren abspülen, mit Küchenpapier abtupfen und entstielen. Bei Bedarf halbieren oder vierteln und in einen hohen Rührbecher geben. Die Himbeeren verlesen, evtl. kurz abspülen und trocken tupfen und zusammen mit 4 Esslöffeln Agavendicksaft in den Rührbecher geben. Alles mit einem Mixstab fein pürieren. Die Masse in den Kühlschrank stellen.

2 Das Mark der ½ Vanilleschote mit dem Messerrücken herauskratzen und zusammen mit 3 Esslöffeln Agavendicksaft und dem Joghurt zu einer glatten Creme verrühren. Die Creme in die Eismaschine geben und 20–25 Minuten gefrieren lassen.

3 Einen kleinen Teil der cremigen Joghurtmasse z. B. in eine Gefrierdose geben, glatt streichen und darauf eine Schicht gut durchgekühltes Erdbeer-Himbeerfrucht-Mark verteilen. Dann wieder das Eis darauf verteilen und abwechselnd Fruchtmark und Eis einschichten, bis die Massen aufgebraucht sind. Gefrierdose verschließen und etwa 3 Stunden ins Gefrierfach stellen.

4 FroYo zum Servieren aus dem Gefrierfach nehmen und bei Zimmertemperatur kurz antauen lassen.

5 In der Zwischenzeit die restlichen Erdbeeren abspülen, mit Küchenpapier abtupfen und entstielen. Erdbeeren in kleine Stücke schneiden und mit dem restlichen Agavendicksaft marinieren.

6 Beeren-FroYo in kleine Gläser portionieren und mit Erdbeerstücken garniert servieren.

Wer keine Eismaschine hat, kann die Joghurtmasse in eine flache Gefrierdose geben und etwa 20 Minuten in den Gefrierschrank stellen. Angefrorene Masse mit einer Gabel durchrühren und erneut für 20 Minuten einfrieren. Diesen Vorgang noch 1–2- mal wiederholen und wie unter Punkt 3 beschrieben weiter verfahren.

Blätterteig-Nuss-Nougat-Hörnchen

Zubereitungszeit:
25 Minuten, ohne Abkühlzeit
Backzeit: 13–14 Minuten

Zutaten für 8 Stück
Zum Vorbereiten:
2 TL gehackte Mandeln

Für den Teig:
1 Pck. Blätterteig (aus dem Kühlregal, etwa 270 g)

Für die Füllung:
80 g Schokoladen-Pudding (aus dem Kühlregal)
60 g Nuss-Nougat-Creme
1 Eigelb (Größe M)
1 EL Milch (3,5 % Fett)

Zum Verzieren:
25 g Zartbitter-Kuvertüre (etwa 50 % Kakaoanteil)

Pro Stück:
E: 3 g, F: 13 g, Kh: 14 g, kcal: 190

1 Zum Vorbereiten die Mandeln ohne Fett in einer Pfanne anrösten. Auf einem Teller abkühlen lassen.

2 Den Backofen vorheizen.
Ober-/Unterhitze: etwa 200 °C
Heißluft: etwa 180 °C

3 Für den Teig den Blätterteig aus der Packung nehmen, entrollen und mit dem anhaftenden Backpapier ausrollen. Teigplatte in 4 gleich große Rechtecke teilen. Jedes Rechteck diagonal durchschneiden, sodass schmale, lange Dreiecke entstehen.

4 Für die Füllung Pudding mit den gerösteten Mandeln vermischen. Jeweils 2 Teigdreiecke dünn mit der Nuss-Nougat-Creme bestreichen, dabei an den Rändern etwa 1 cm frei lassen. Jeweils 2 Teelöffel Pudding-Mandel-Masse in die Mitte geben. Teigdreiecke zur Spitze hin einrollen und zu Hörnchen formen. Nacheinander die restlichen Teigdreiecke füllen.

5 Hörnchen mit genügend Abstand auf ein Backblech (gefettet, mit Backpapier belegt) setzen. Eigelb mit Milch verschlagen, Hörnchen damit bestreichen. Das Backblech in den vorgeheizten Backofen schieben. Die Hörnchen 13–14 Minuten backen.

6 Das Backblech auf einen Kuchenrost stellen. Die Hörnchen abkühlen lassen.

7 Zum Verzieren Kuvertüre in grobe Stücke hacken und in einem kleinen Topf im Wasserbad bei schwacher Hitze unter Rühren schmelzen. Hörnchen damit verzieren. Kuvertüre trocknen lassen.

Statt mit Schokoladen-Pudding kannst du die Blätterteig-Hörnchen auch mit Vanille-Pudding füllen und nach dem Backen mit weißer geschmolzener Schokolade verzieren.

Crunchy Choco Cookies

1 Für den Sirup Zucker, Vanillin-Zucker, Honig, Sahne und Butter in einem Topf unter gelegentlichem Rühren bei mittlerer Hitze zum Kochen bringen. Den Topf von der Kochstelle nehmen. Den Sirup abkühlen lassen.

2 Den Backofen vorheizen.
Ober-/Unterhitze: etwa 200 °C
Heißluft: etwa 180 °C

3 Für den Teig alle Kerne und Mandeln mit dem Eigelb unter den Sirup rühren. Mehl mit Speisestärke, Backpulver und Kakao gut vermischen und mit einem Teigschaber unterrühren.

4 Den Teig mit 2 Esslöffeln oder einem Eisportionierer in gleich großen, runden Häufchen auf ein Backblech (gefettet, mit Backpapier belegt) setzen, dabei genügend Abstand zwischen den Teighäufchen lassen (den Teig nicht verstreichen, er läuft beim Backen auseinander). Das Backblech in den vorgeheizten Backofen schieben. Die Schoko-Cookies 15–18 Minuten backen.

5 Das Backblech auf einen Kuchenrost stellen. Die Schoko-Cookies darauf erkalten lassen (die Cookies werden erst beim Abkühlen fest).

6 Zum Garnieren in der Zwischenzeit Pinien- und Cashewkerne in einer Pfanne ohne Fett unter Wenden goldbraun rösten und auf einem Teller erkalten lassen.

7 Schokolade in kleine Stücke brechen und in einem Topf im Wasserbad bei schwacher Hitze unter Rühren schmelzen. Mit einem Teelöffel jeweils einen kleinen Klecks Schokolade auf jeden Cookie geben und mit einigen Kernen bestreuen. Schokolade trocknen lassen.

Zubereitungszeit:
etwa 40 Minuten,
ohne Abkühlzeit
Backzeit: 15–18 Minuten

Zutaten für 8–9 große Cookies

Für den Sirup:
80 g Zucker
1 Pck. Vanillin-Zucker
30 g flüssiger Honig
3 EL Schlagsahne
60 g Butter

Für den Teig:
je 50 g Pinienkerne, Cashewkerne und gestiftelte Mandeln
1 Eigelb (Größe M)
60 g Weizenmehl
30 g Speisestärke
½ TL Backpulver
10 g gesiebter Kakao
zum Backen

Zum Garnieren:
1 EL Pinienkerne
2 EL Cashewkerne
75 g Vollmilch-Schokolade

Pro Stück:
E:7 g, F: 23 g, Kh: 29 g, kcal: 350

Erdbeer-Tiramisu

Zubereitungszeit:
30 Minuten, ohne Kühlzeit
Mit Alkohol

Zutaten für 4 Portionen
150 g Cantuccini
(ital. Mandelgebäck)
50 ml frisch gepresster
Orangensaft
50 ml Orangenlikör
250 g Erdbeeren
25 g Puderzucker oder Zucker
400 g Schlagsahne
(mind. 30 % Fett)
150 g Joghurt (3,5 % Fett)
125 g Crème double

Zum Garnieren:
einige Erdbeerhälften mit Grün
vorbereitete Minzeblättchen

Pro Portion:
E: 8 g, F: 51 g, Kh: 47 g, kcal: 715

1 Cantuccini in eine große, flache Auflaufform legen. Orangensaft und -likör mischen, Cantuccini damit beträufeln.

2 Erdbeeren kurz abspülen, gut abtropfen lassen und entstielen. Erdbeeren halbieren und mit der Schnittfläche nach unten auf die Cantuccini legen. Mit Puderzucker oder Zucker bestreuen.

3 Sahne steif schlagen, Joghurt und Crème double unterrühren. Die Creme auf den Erdbeeren verteilen und glatt streichen. Tiramisu etwa 3 Stunden zugedeckt in den Kühlschrank stellen. Tiramisu mit Erdbeerhälften mit Grün und Minzeblättchen garnieren.

Für ein **Quark-Kokos-Tiramisu** ½ Bio-Zitrone (unbehandelt, ungewachst) heiß abwaschen, abtrocknen und etwas von der Schale fein abreiben. Die Zitrone halbieren, den Saft auspressen und 4 Esslöffel abmessen. 150 g Schlagsahne (mind. 30 % Fett) steif schlagen. 400 g Magerquark in einer Rührschüssel mit Zitronenschale und -saft zu einer glatten Masse verrühren. 1 Päckchen Vanillin-Zucker und 3–4 Esslöffel Puderzucker unterrühren, abschmecken, dann die Sahne unterheben. 2 Orangen so schälen, dass die weiße Haut vollständig mitentfernt wird. Orangen filetieren und den Saft dabei auffangen. Orangensaft mit weiterem Orangensaft auf 100 ml auffüllen. Eine Auflaufform mit 6 Kokos-Zwiebäcken auslegen. Zwiebäcke mit der Hälfte des Orangensaftes beträufeln. Die Hälfte der Orangenfilets darauf verteilen und die Hälfte der Quarkcreme daraufstreichen. 6 weitere Kokos-Zwiebäcke darauflegen und mit dem restlichen Orangensaft beträufeln. Restliche Orangenfilets darauflegen und restliche Quarkcreme darauf verteilen. Tiramisu mit Frischhaltefolie zugedeckt im Kühlschrank mindestens 2 Stunden durchziehen lassen. Quark-Kokos-Tiramisu nach Belieben mit 2 Esslöffeln gerösteten Kokosraspeln bestreuen oder mit Kakaopulver bestäubt servieren.

Desserts & süße Pausen

143

Erdnussbutter-Cookies aus 3 Zutaten

1 Den Backofen vorheizen.
Ober-/Unterhitze: etwa 180 °C
Heißluft: etwa 160 °C

2 Für den Teig die Erdnussbutter, das Ei und den Zucker mit einem Kochlöffel kurz zu einem glatten Teig verrühren.

3 Jeweils etwa 1 ½ Teelöffel des Teigs abnehmen, zwischen den Handflächen zu walnussgroßen Kugeln rollen und mit etwas Abstand auf 2 Backbleche (mit Backpapier belegt) setzen. Mit einer Gabel die Cookies von zwei Seiten leicht flach drücken. Es sollte dabei ein Karomuster entstehen.

4 Die Backbleche nacheinander (bei Heißluft zusammen) in den vorgeheizten Backofen schieben. Die Erdnussbutter-Cookies etwa 10 Minuten je Backblech backen.

5 Die Backbleche aus dem Backofen nehmen und auf Kuchenroste stellen.

6 Die Cookies etwa 5 Minuten auf den Backblechen abkühlen lassen. Dann die Erdnussbutter-Cookies mit dem Backpapier von den Backblechen auf Kuchenroste ziehen und erkalten lassen.

Die Erdnussbutter-Cookies halten sich in einem gut schließenden Gefäß etwa 5 Tage. Danach werden sie trocken.
Anstelle von Erdnussbutter kann auch Mandelcreme verwendet werden.
Sollte die Gabel beim Flachdrücken zu sehr kleben, diese einfach vorher in kaltes Wasser tauchen.

Zubereitungszeit:
15 Minuten
Backzeit: etwa 10 Minuten je Backblech

Zutaten für 20 Stück

Für den Teig:
250 g cremige Erdnussbutter
1 Ei (Größe M)
100 g Zucker

Pro Stück:
E: 3 g, F: 6 g, Kh: 8 g, kcal: 98

Erdnuss-Honig-Bratapfel mit Cheesecake-Dip

Zubereitungszeit:
15 Minuten
Garzeit: etwa 4 Minuten

Zutaten für 4 Portionen

Für den Cheesecake-Dip:
175 g fettreduzierter Joghurt-Frischkäse
100 g fettreduzierter Joghurt nach griechischer Art (2 % Fett)
2 EL Zitronensaft
1 Pck. Bourbon-Vanille-Zucker
½–1 EL feiner Zucker (oder Stevia-Streusüße nach Geschmack)

Für die Bratäpfel:
25 g ungesalzene Erdnusskerne
2 mittelgroße säuerliche Äpfel
2 TL Butter
2 TL flüssiger Honig oder Ahornsirup
evtl. gem. Zimt oder feine Meersalz-Flocken

Pro Portion:
E: 4 g, F: 6 g, Kh: 18 g, kcal: 150

1 Für den Dip Frischkäse, Joghurt, Zitronensaft und Vanille-Zucker in einen hohen Rührbecher geben und mit einem Pürierstab aufmixen. Nach Geschmack mit Zucker oder Streusüße süßen.

2 Erdnusskerne in einem Blitzhacker nicht zu fein hacken.

3 Äpfel abspülen und abtrocknen. Aus den Äpfeln mit einem Kugelausstecher das Kerngehäuse großzügig entfernen und die Äpfel in etwa 1 cm dicke Ringe schneiden.

4 Einen Teelöffel Butter in einer beschichteten Pfanne zerlassen. Die Hälfte der Apfelringe darin bei schwacher Hitze von beiden Seiten etwa 2 Minuten braten. 1 Teelöffel Honig oder Sirup daraufträufeln und schmelzen lassen. Mit der Hälfte der Erdnusskerne bestreuen, bei mittlerer Hitze unter Schwenken karamellisieren lassen und auf Desserttellern verteilen. Restliche Apfelringe auf die gleiche Weise zubereiten.

5 Apfelringe mit dem Cheesecake-Dip anrichten. Nach Belieben mit Zimt oder Meersalz-Flocken bestreuen.

Durch Erdnusskerne, Honig oder Ahornsirup und einen Cheesecake-Dip bekommt dieses Dessert eine amerikanische Geschmacksnote. Du kannst die Erdnusskerne auch durch Mandeln, Hasel- oder Walnusskernen ersetzen.

Kokos-Limetten-Energy-Balls

1 Limette heiß abwaschen und abtrocknen. Die Schale fein abreiben und 2 Teelöffel davon abmessen. Die Limette auspressen und 2 Esslöffel davon abnehmen. Die Datteln und Cashewkerne sehr fein hacken und in einer Rührschüssel mischen.

2 Kokosraspel, Kokosöl, Limettensaft und Limettenschale hinzugeben. Die Masse mit den Händen kurz durchkneten, bis ein glatter und formbarer Teig entstanden ist. Die Schüssel abgedeckt 30 Minuten in den Kühlschrank stellen.

3 Kokosraspel zum Dekorieren auf einen Teller geben. Jeweils etwa 2 gehäufte Teelöffel der Energy-Ball-Masse abnehmen, zwischen den Handflächen zu Kugeln (etwa 3 ½ cm groß) rollen und dann in den Kokosraspeln wälzen.

4 Kokos-Limetten-Energie-Balls abgedeckt mindestens 60 Minuten in den Kühlschrank stellen.

Die Energie-Balls sind im Kühlschrank mindestens 5 Tage haltbar. Deshalb lohnt es sich, gleich die doppelte Menge zuzubereiten.

Zubereitungszeit:
etwa 25 Minuten, ohne Kühlzeit
Ohne Backen
Vegan

Zutaten für etwa 12 Stück

Für die Energy-Balls:
1 Bio-Limette
(unbehandelt, ungewachst)
150 g getrocknete Datteln
(entsteint)
100 g Cashewkerne
25 g Kokosraspel
1 EL Kokosöl (zimmerwarm)

Zum Dekorieren:
2 EL Kokosraspel

Pro Stück:
E: 2 g, F: 7 g, Kh: 11 g, kcal: 118

Leichte Schokomousse

Zubereitungszeit:
20 Minuten, ohne Abkühlzeit
Kühlzeit: mind. 2 Stunden

Zutaten für 6 Portionen
1 Blatt weiße Gelatine
100 g Zartbitter-Schokolade (etwa 50 % Kakaoanteil)
1 EL gesiebtes Kakaopulver (stark entölt; nach Belieben Roh-Kakaopulver)
2 frische Eigelb (Größe M)
30 g Stevia-Streusüße oder Zucker
2 frische Eiweiß (Größe M)
1 Prise Salz
100 g Joghurt nach griechischer Art (2 % Fett)

Nach Belieben:
vorbereitete frische Früchte der Saison, z. B. Erdbeeren

Pro Portion:
E: 5 g, F: 10 g, Kh: 13 g, kcal: 166

1 Gelatine nach Packungsanleitung einweichen. Schokolade in kleine Stücke hacken, in einem kleinen Topf im Wasserbad bei schwacher Hitze unter Rühren schmelzen. Kakao unterrühren, Schokoladenmasse etwas abkühlen lassen.

2 Eigelb, 2 Esslöffel warmes Wasser und Zucker in einer Rührschüssel mit einem Mixer (Rührstäbe) auf höchster Stufe zu einer hellcremig, dicklichen Creme aufschlagen.

3 Eingeweichte Gelatine ausdrücken, in einem kleinen Topf bei schwacher Hitze unter Rühren auflösen. Gelatine mit 2–3 Esslöffeln von der Eigelbcreme gut verrühren, dann die restliche Eigelbcreme gut unterrühren Nach und nach die Schokoladenmasse untermixen.

4 Eiweiß mit Salz mit dem Mixer (Rührstäbe) auf höchster Stufe steif schlagen. Die Hälfte der Eischneemasse zur Schokoladenmasse geben und gut unterrühren. Dann den Joghurt untermischen. Zuletzt den restlichen Eischnee mit einem Teigschaber unter die Schokocreme heben.

5 Die Schokoladencreme etwa 4 cm hoch in eine Schüssel füllen. Zugedeckt mindestens 2 Stunden in den Kühlschrank stellen und die Schokomousse fest werden lassen.

6 Zum Servieren aus der Mousse mit einem in heißes Wasser getauchten Esslöffel Nocken abstechen und auf Dessertellern anrichten. Nach Belieben mit frischen Früchten der Saison garnieren.

Nur ganz frische Eier verwenden (Legedatum beachten, mind. 23 Tage Resthaltbarkeit).
Die Mousse schmeckt kräftig-schokoladig und hat eine feine Bitternote. Wer es etwas lieblicher bevorzugt, verwendet eine Zartbitter-Schokolade mit nicht so hohem Kakaoanteil und reduziert das Kakaopulver auf 1 Teelöffel.

Desserts & süße Pausen

Marshmallow-Johannisbeer-Mug-Cakes

1 Marshmallows am besten mit einer Schere in etwa ½ cm feine Würfel schneiden. Frische Johannisbeeren abspülen und auf Küchenpapier ausgebreitet abtropfen lassen.

2 Mehl mit Zucker, Vanille-Zucker und 1 Prise Salz in einer Rührschüssel mischen. Backpulver sieben und unterrühren. Marshmallowwürfel untermischen.

3 Butter oder Margarine mit Eiern und Joghurt in einer Rührschüssel mit einem Schneebesen verschlagen. Die Mehlmischung hinzugeben und alles kurz zu einem glatten Teig verrühren. Die frischen oder gefrorenen Johannisbeeren kurz unterrühren.

4 Den Teig in den 2 Tassen verteilen. Die Tassen in die Mikrowelle stellen. Die Mug Cakes bei 600 Watt etwa 4 Minuten 30 Sekunden oder bei 800 Watt etwa 3 Minuten garen.

5 Mug Cakes sofort anrichten und servieren.

 Achtung, die Fruchtstückchen sind sehr heiß!

Zubereitungszeit:
etwa 5 Minuten
Garzeit bei 600 Watt: etwa 4 Minuten 30 Sekunden
Garzeit bei 800 Watt: etwa 3 Minuten

Zutaten für 2 Stück
2 große Marshmallows (etwa 14 g)
2 EL rote Johannisbeeren (40 g, frisch oder TK)
90 g Weizenmehl
2 EL Zucker
1 Pck. Bourbon-Vanille-Zucker
Salz
½ gestr. TL Backpulver
2 EL flüssige Butter oder Margarine
2 Eier (Größe M)
3 EL Joghurt (60 g, 3,5 % Fett)

Zusätzlich:
2 mikrowellengeeignete Tassen je 300 ml Inhalt, Ø etwa 7 ½ cm, Höhe etwa 9 cm

Pro Stück:
E: 13 g, F: 15 g, Kh: 58 g, kcal: 425

Zubereitungszeit:
20 Minuten, ohne Abkühlzeit
Backzeit: etwa 60 Minuten

Zutaten für 32 Stück

Zum Vorbereiten:
100 g Walnusskerne
60 g Cashewkerne
50 g Sonnenblumenkerne
50 g helle Sesamsamen
100 g getrocknete
Soft-Aprikosen

Für den Teig:
125 g Butter
2 EL brauner Zucker
150 g flüssiger Honig
300 g zarte Haferflocken
50 g Dinkel-Vollkornmehl
50 g Schoko-Tropfen (backfest)

Pro Stück:
E: 3 g, F. 14 g, Kh: 26 g, kcal: 150

Müsliriegel mit Aprikosen

1 Zum Vorbereiten Walnüsse und Cashewkerne fein hacken. Mit Sonnenblumenkernen und Sesam in einer Pfanne ohne Fett bei mittlerer Hitze unter Wenden goldbraun rösten und abkühlen lassen. Soft-Aprikosen fein hacken.

2 Den Backofen vorheizen.
Ober-/Unterhitze: etwa 160 °C
Heißluft: etwa 140 °C

3 Für den Teig die Butter zerlassen. Zucker und Honig dazugeben und kurz unterrühren. Die Masse abkühlen lassen.

4 Die Nussmischung mit Aprikosen, Haferflocken, Mehl und Schoko-Tropfen in eine große Rührschüssel geben. Butter-Zucker-Masse hinzufügen und alles mit einem Mixer (Rührstäbe) gut vermischen.

5 Die Müslimasse auf ein Backblech (30 x 40 cm, gefettet, mit Backpapier belegt) verteilen und ausrollen.

6 Das Backblech in den vorgeheizten Backofen (unteres Drittel) schieben. Die Müslimasse etwa 30 Minuten backen.

7 Das Backblech aus dem Backofen nehmen. Die Backofentemperatur auf 100 °C Ober-/Unterhitze, 80 °C Heißluft herunterschalten. Müslimasse auf dem Backblech mit einem großen Messer in rechteckige Riegel (10 x 4 cm) schneiden. Die Riegel im Backofen noch etwa 30 Minuten trocknen.

8 Die Riegel auf dem Backblech auf einem Kuchenrost auskühlen lassen.

Die Müsliriegel schmecken zum Kaffee am Morgen oder auch zwischendurch.
In Keksdosen zwischen Lagen von Pergamentpapier halten die Riegel sich mindestens 14 Tage.

Desserts & süße Pausen

156

Pfannkuchen (im Foto hinten)

1 Das Mehl in eine Rührschüssel geben und mit einem Schneebesen durchrühren. In einer anderen Schüssel oder einem Messbecher Eier mit Milch, Mineralwasser, Salz und Zucker mit einem Schneebesen verschlagen.

2 Eiermilch zum Mehl geben und mit dem Schneebesen von innen nach außen verrühren. Dabei darauf achten, dass sich keine Klümpchen bilden. Den Teig 20–30 Minuten quellen lassen.

3 Etwas von dem Butterschmalz oder dem Speiseöl in der beschichteten Pfanne bei mittlerer Hitze erhitzen. Eine Kelle Teig (etwa 125 ml) in die Pfanne geben. Die Pfanne leicht schwenken, damit sich der Teig gleichmäßig auf dem Pfannenboden verteilen kann.

4 Sobald die Pfannkuchenränder goldbraun sind, den Pfannkuchen mit einem Pfannenwender umdrehen und die andere Seite fertig backen. Dafür noch etwas Butterschmalz oder Speiseöl unter den Pfannkuchen geben.

5 Aus dem restlichen Teig auf die gleiche Weise weitere Pfannkuchen backen. Dabei den Teig vor jedem Backen durchrühren.

Die frischen Pfannkuchen mit Zucker bestreuen, mit frischem Obst oder Kompott belegen oder mit Konfitüre bestreichen.

Für den Klassiker **Apfelpfannkuchen** (im Foto vorne) den Teig wie beschrieben zubereiten. Zusätzlich 2 mittelgroße säuerliche Äpfel (z. B. Boskop) schälen, vierteln, entkernen und in dünne Spalten schneiden. Etwas Öl in der Pfanne erhitzen, den Teig einfüllen und sogleich mit der Hälfte der Apfelspalten belegen. Den Pfannkuchen backen, nach der Hälfte der Backzeit vorsichtig wenden und weiterbacken. Die restlichen Apfelspalten und den restlichen Teig auf die gleiche Weise verarbeiten.

Zubereitungszeit: etwa 20 Minuten, ohne Quellzeit
Garzeit: etwa 4 Minuten, je Pfannkuchen

Zutaten für 3 Portionen (6 Stück):
250 g Weizenmehl (Type 405)
4 Eier (Größe M)
375 ml Milch (3,5 %)
125 ml Mineralwasser mit Kohlensäure
1 Prise Salz
1 EL Zucker
60–80 g Butterschmalz oder 6–8 EL Speiseöl

Pro Portion:
E: 21 g, F: 34 g, Kh: 72 g, kcal: 681

Quark-Pancakes

Zubereitungszeit:
25 Minuten, ohne Quellzeit
Backzeit: 4–5 Minuten
je Pancake

Zutaten für 4 Portionen

Für den Teig:
1 Eigelb (Größe M)
2 EL Zucker
300 g Magerquark
40 g kernige Haferflocken
1 EL gem. Flohsamenschalen
15 g gehackte, geröstete Haselnusskerne
1 Apfel (etwa 150 g)
1 EL Zitronensaft
1 Eiweiß (Größe M)
1 Prise Salz
2 TL Butter (zimmerwarm) oder Speiseöl
evtl. etwas Puderzucker

Nach Belieben:
Obstsalat aus frischen Früchten, z. B. Cranberry, Bananen, Grapefruit

---

Pro Portion:
E: 14 g, F: 7 g, Kh: 20 g, kcal: 204

1 Für den Teig Eigelb, Zucker, Quark, Haferflocken, Flohsamenschalen und Nusskerne in einer Rührschüssel gut verrühren und etwa 10 Minuten quellen lassen.

2 Apfel abspülen, abtrocknen, halbieren, entstielen, entkernen und grob raspeln. Zitronensaft untermischen.

3 Eiweiß mit Salz mit einem Mixer (Rührstäbe) steif schlagen.

4 Zunächst Apfelraspel unter den Pancaketeig rühren. Dann den Eischnee in 2 Portionen unterheben.

5 Eine beschichtete Pfanne bei mittlerer Hitze erhitzen, dünn mit Butter oder Speiseöl bestreichen. Pro Pancake etwa 1 ½ Esslöffel von dem Teig in die heiße Pfanne geben, vorsichtig rund verstreichen und bei schwacher Hitze von beiden Seiten langsam goldbraun backen. Es werden insgesamt etwa 16–20 Pancakes.

6 Pancakes nach Belieben mit etwas Puderzucker bestäuben und nach Belieben mit einem Salat aus frischen Früchten der Saison anrichten.

Die Pancakes können auch herzhaft zubereitet werden. Dafür einfach den Zucker weglassen und die Apfelraspel durch Zucchiniraspel ersetzen. Pancakes dann z. B. mit Kräuter-Quark anrichten.
Flohsamenschalen sind in Apotheken, Reformhäusern und Drogerien erhältlich.
Bei Bedarf können die Flohsamenschalen auch weggelassen werden.

Desserts & süße Pausen

Salted Caramel Chocolate Brownies

1 Den Backofen vorheizen.
Ober-/Unterhitze: etwa 180 °C
Heißluft: etwa 160 °C

2 Für den Teig die Sahne-Karamell-Bonbons grob hacken. 2 Esslöffel davon beiseitestellen.

3 Den Backpapierbogen zu einem langen, 24 cm breiten Streifen zuschneiden. In eine quadratische Backform (gefettet) die Backpapierstreifen hineinlegen und am Boden und den Seiten fest andrücken. Es sind so zwei Seiten der Form mit dem Backpapier ausgekleidet.

4 Mehl mit Kakaopulver, Zucker, Salz, Backpulver und Schoko-Tröpfchen in einer Rührschüssel mischen. Sonnenblumenöl und Eier hinzufügen und mit einem Mixer (Rührstäbe) erst kurz auf niedrigster, dann auf höchster Stufe in etwa 2 Minuten zu einem glatten Teig verarbeiten.

5 Sahne-Karamell-Bonbons bis auf die zurückgelegten unterrühren. Teig in die vorbereitete Form füllen und mit einem Esslöffel glatt verstreichen. Die restlichen Sahne-Karamell-Bonbons darüberstreuen.

6 Die Backform in den vorgeheizten Backofen schieben und die Brownies etwa 25 Minuten backen.

7 Die Backform aus dem Backofen nehmen und auf einen Kuchenrost stellen. Die Brownies mit dem Salz bestreuen und 10 Minuten abkühlen lassen.

8 Die Brownies mit einem scharfen Messer an den Seiten ohne Backpapier vom Backformrand lösen und mithilfe des Backpapiers aus der Form heben. Brownies wieder auf den Kuchenrost stellen und weiter abkühlen lassen.

9 Salzkaramell-Brownies in Quadrate (etwa 6 x 6 cm) schneiden und servieren.

Zubereitungszeit:
25 Minuten, ohne Kühlzeit
Backzeit: etwa 25 Minuten

Zutaten für 16 Stücke
Für den Teig:
200 g weiche Karamell-Sahne-Bonbons
230 g Weizenmehl
40 g Backkakaopulver
180 g Zucker
½ gestr. TL Salz
1 ½ gestr. TL Backpulver
75 g Schoko-Tröpfchen
250 ml Sonnenblumenöl
4 Eier (Größe M)

Zum Dekorieren:
1 gestr. TL Meersalz

Zusätzlich:
1 quadratische Backform (etwa 24 x 24 cm)

Pro Portion:
E: 4 g, F: 21 g, Kh: 33 g, kcal: 346

Zubereitungszeit:
etwa 30 Minuten

Zutaten für 6 Portionen
500 g frische Erdbeeren
2 EL Zucker
Saft von 1 Zitrone (2–3 EL)
100 g Butterkekse oder Spritzgebäck
2 Pck. Pudding-Pulver Vanille-Geschmack
50 g Zucker
500 ml Milch (3,5 % Fett)
500 g Schlagsahne

Pro Portion:
E: 6 g, F: 39 g, Kh: 56 g, kcal: 563

Vanilleberg mit Erdbeeren

1 Erdbeeren waschen, trocken tupfen und 5–6 Exemplare zum Garnieren beiseitelegen. Von den anderen Erdbeeren das Grün entfernen, Erdbeeren vierteln, zuckern und 10–15 Minuten in dem Zitronensaft ziehen lassen.

2 Inzwischen 6 Gläser mit den Keksen auslegen. Vanille-Pudding nach Packungsanleitung mit Zucker und der hier angegebenen Menge Milch und Sahne zubereiten.

3 Die marinierten Erdbeeren und den noch warmen Pudding auf den Keksen verteilen.

4 Vanilleberg mit den zurückbehaltenen Erdbeeren garnieren und im Kühlschrank kalt stellen.

Wenn es schnell gehen soll, einfach 2 Becher (je 500 g) Vanillepudding aus dem Kühlregal verwenden. Der Vanilleberg schmeckt auch mit aufgetauten, gemischten TK-Beeren oder mit fertiger roter Grütze aus dem Kühlregal.

Für einen **Schokoladenpudding** (4 Portionen) ein Päckchen Schokoladen-Pudding-Pulver und 50 g Zucker in eine kleine Schüssel geben. 300 ml Milch (1,5 % Fett) und 200 g Schlagsahne verrühren. 6 Esslöffel von der Milch-Sahne-Mischung mit einem Schneebesen nach und nach unter die Pudding-Zucker-Mischung rühren. Die restliche Milch-Sahne-Mischung in dem Topf unter Rühren zum Kochen bringen. Den Topf von der Kochstelle nehmen. Angerührtes Pudding-Pulver in die kochende Milch-Sahne-Mischung rühren. Den Topf wieder auf die Kochstelle setzen. Den Schokoladenpudding unter Rühren mindestens 1 Minute kochen lassen. Den Topf von der Kochstelle nehmen. 100 g Edelbitter-Schokolade (etwa 60 % Kakaoanteil) in Stücke zerbrechen, unter den heißen Pudding rühren und schmelzen lassen. Den Pudding in eine Schüssel füllen. Die Puddingoberfläche mit Frischhaltefolie belegen, damit sich keine Haut bildet. Den Pudding abkühlen lassen, dann etwa 2 Stunden in den Kühlschrank stellen.

SNACKS & PARTYFOOD
Für zwischendurch und in großer Runde

Baked Potatoes

Zubereitungszeit:
20 Minuten
Backzeit: 60–90 Minuten
Vegetarisch

Zutaten für 8–10 Portionen
8–10 mehligkochende
Kartoffeln (je 250 g)
2 EL Olivenöl
Salz

Für die Füllung:
300 g Schmand (Sauerrahm)
oder Crème fraîche
Saft von ½ Zitrone
2 EL Schnittlauchröllchen
(ersatzweise gehackte
Petersilie)
gem. Pfeffer
1 Prise Zucker oder
etwas Honig

Zusätzlich:
Alufolie
1 Backblech

Pro Portion (bei 8 Portionen):
E: 6 g, F: 13 g, Kh: 39 g, kcal: 303

1 Den Backofen vorheizen.
Ober-/Unterhitze: etwa 200 °C
Heißluft: etwa 180 °C

2 Kartoffeln unter fließendem kalten Wasser sehr gründlich abbürsten, trocken tupfen und mehrfach mit einer Gabel einstechen, damit sie nicht im Ofen aufplatzen. Kartoffeln mit Olivenöl bestreichen und mit Salz bestreuen. Kartoffeln einzeln in Alufolie wickeln, die Enden dabei gut festdrücken.

3 Nebeneinander aufs Backblech legen und in den vorgeheizten Backofen schieben. Kartoffeln je nach Größe 60–90 Minuten garen.

4 In der Zwischenzeit für die Füllung Schmand oder Crème fraîche mit Zitronensaft und Schnittlauchröllchen oder Petersilie verrühren. Mit Salz, Pfeffer und Zucker oder Honig abschmecken.

5 Wenn die Kartoffeln gar sind, die Alufolie öffnen. Die Kartoffeln mit 2 Gabeln aufbrechen und mit der Sauce füllen.

Als Füllung schmeckt auch Kräuterquark oder Zaziki aus dem Kühlregal, geriebener Käse (z.B. Gouda), Kräuterbutter oder Sauerrahm.
„Luxus-Variante": Für Ofenkartoffeln mit Lachs gefüllte Kartoffeln zusätzlich obenauf mit Krabben und Räucherlachs (in Streifen geschnitten) garnieren. Nach Belieben statt Schmand oder Crème fraîche 200 g Speisequark mit 2 Esslöffeln Milch und 1–2 Esslöffeln geriebenem Meerrettich (aus dem Glas) verrühren, eventuell mit Salz würzen.

Blätterteigschnecken

Zubereitungszeit:
20 Minuten, ohne Auftauzeit
Backzeit: etwa 13 Minuten
Vegetarisch

Zutaten für 16 Stück
225 g TK-Blätterteig
(3 rechteckige Platten)
150 g Schafs- oder Hirtenkäse
1 ½ EL TK-Petersilie
gem. Pfeffer
evtl. Salz

Pro Stück:
E: 3 g, F: 5 g, Kh: 5 g, kcal: 79

1 Blätterteig nach Packungsanleitung auftauen lassen. Den Backofen vorheizen.
Ober-/Unterhitze: etwa 220 °C
Heißluft: etwa 200 °C

2 Den Käse in eine Schüssel geben und mit einer Gabel zerdrücken. Petersilie unterrühren und alles mit Pfeffer und nach Belieben etwas Salz abschmecken.

3 Die Blätterteigplatten übereinanderlegen und zu einem Rechteck (etwa 20 x 40 cm) ausrollen. Das Teigrechteck mit der Käsemasse bestreichen, dabei rundherum einen etwa 1 cm breiten Rand frei lassen. Das Teigrechteck vorsichtig von der breiten Seite aus eng aufrollen. Die Rolle in etwa 16 Scheiben (je etwa 2 cm breit) schneiden.

4 Die Blätterteigscheiben mit etwas Abstand nebeneinander auf ein Backblech (mit Backpapier belegt) legen und leicht flach drücken. Das Backblech in den vorgeheizten Backofen schieben. Die Blätterteigschnecken etwa 13 Minuten backen.

5 Die Blätterteigschnecken mit dem Backpapier von dem Backblech auf einen Kuchenrost ziehen. Blätterteigschnecken warm oder kalt genießen.

Für **Blätterteigschnecken mit Tomaten und Kapern** die gleiche Menge Blätterteig wie beschrieben zu einem Rechteck ausrollen. 2 Esslöffel abgetropfte Kapern fein hacken und mit 80 g Tomatenmark verrühren. Die Masse mit Salz, Pfeffer und Cayennepfeffer abschmecken und wie im Rezept beschrieben auf das Teigrechteck streichen, aufrollen, in 16 Scheiben schneiden und backen.

Wer mag, bestreicht die Blätterteigschnecken zusätzlich mit etwas Milch oder einem verschlagenen Ei bzw. Eigelb.
Schafs- oder Hirtenkäse ist bereits relativ salzig und muss nur eventuell leicht nachgesalzen werden.

Bruschetta-Variationen

Zubereitungszeit:
30 Minuten
Garzeit: etwa 15 Minuten
Vegetarisch

Zutaten für 4 Portionen
½ rustikales Bauernbrot
1 Stängel Rosmarin
3–4 EL Olivenöl

Für Variation 1:
3 dunkelrote, reife Tomaten
2 Frühlingszwiebeln
3 Stängel Basilikum
Meersalz
gem. Pfeffer

Für Variation 2:
300 g TK-Erbsen, aufgetaut
2 Stängel Minze

Für Variation 3:
8 kleine Steinpilze
(oder Champignons)
1 Knoblauchzehe
4 Stängel glatte Petersilie
1 EL Butter

Pro Portion:
E: 19 g, F: 22 g, Kh: 49 g,
kcal: 499

1 Das Bauernbrot in 12 gleich große Scheiben schneiden. Rosmarin abspülen und trocken tupfen. Olivenöl in einer großen Pfanne erhitzen. Die Brotscheiben evtl. portionsweise mit dem Rosmarinstängel von beiden Seiten goldbraun braten.

2 Für die erste Variation die Tomaten abspülen, abtrocknen, vierteln, Stängelansätze und die Kerne entfernen. Das Fruchtfleisch grob würfeln. Die Frühlingszwiebeln putzen, abspülen, abtropfen lassen und in feine Ringe schneiden. Basilikum abspülen, trocken tupfen und die Blättchen von den Stängeln zupfen. Basilikumblättchen in feine Streifen schneiden. Einige Blättchen zum Garnieren beiseitelegen. Tomatenwürfel mit Frühlingszwiebelringen und Basilikumstreifen vermengen, mit Salz und Pfeffer abschmecken und auf 4 Brotscheiben verteilen. Mit Basilikumblättchen garnieren.

3 Für die zweite Variation die aufgetauten Erbsen zusammen mit Salz und Pfeffer in einem hohen Gefäß mit einem Pürierstab pürieren. Das Püree auf 4 Brotscheiben verteilen. Minze abspülen, trocken tupfen und die Blättchen von den Stängeln zupfen. Die Brotscheiben damit garnieren.

4 Für die dritte Variation die Steinpilze putzen, eventuell kurz abspülen, trocken tupfen und in etwa 3 Millimeter dicke Scheiben schneiden. Die Knoblauchzehe abziehen und fein hacken. Die Petersilie abspülen, trocken tupfen und die Blättchen von den Stängeln zupfen, Blättchen klein schneiden. Die Steinpilze in zerlassener Butter scharf braten. Knoblauch und Petersilie hinzufügen. Mit Salz und Pfeffer abschmecken. Den Belag auf den restlichen 4 Brotscheiben verteilen.

Snacks & Partyfood

171

Snacks & Partyfood

172

California Rolls mit Salat und Gurke

1 Den Sushireis in ein Sieb geben und unter fließendem kalten Wasser abspülen. Sushireis sehr gut abtropfen lassen. Anschließend mit dem Wasser in einem Topf zum Kochen bringen, etwas Salz hinzufügen. Den Reis zugedeckt etwa 20 Minuten bei schwacher Hitze garen. Topf von der Kochstelle nehmen. Den Reis weitere 10 Minuten im geschlossenen Topf ziehen lassen.

2 Den Reisessig erwärmen. 1 gestrichenen Teelöffel Salz und den Zucker darin unter Rühren auflösen. Die Essiglösung locker unter den Reis mischen. Reis mit einem feuchten Tuch zudecken und fast vollständig erkalten lassen.

3 Von der Wasabipaste 2 Esslöffel abnehmen und mit der Mayonnaise verrühren. Die Gurke schälen, Enden abschneiden, längs vierteln, entkernen und jedes Viertel nochmals der Länge nach halbieren. Salat putzen, abspülen, gut abtropfen lassen oder trocken schleudern. Die Salatblätter der Länge nach in etwa 2 cm breite Streifen schneiden. Koriander abspülen, trocken tupfen und die Blättchen von den Stängeln zupfen.

5 Eine Sushimatte zunächst mit Frischhaltefolie, dann mit einem Noriblatt belegen. Darauf eine etwa ½ cm dicke Reisschicht so verteilen, dass an den Rändern jeweils etwa 1 cm frei bleibt. Reisschicht mit einem Stück Frischhaltefolie belegen. Mithilfe der Frischhaltefolie alles einmal wenden, sodass die Seite mit dem Noriblatt oben liegt.

6 Das Noriblatt dünn mit einem Drittel der Wasabi-Mayonnaise bestreichen. Dann jeweils ein Drittel der Gurken, Salatstreifen und Korianderblätter der Breite nach, passend zurechtgeschnitten, daraufleigen. Mithilfe der Sushimatte alles zu einer Rolle aufrollen und dabei leicht andrücken. Die California Roll vorsichtig aus der Sushimatte lösen und im Wasabi-Kaviar wälzen. Auf diese Weise 2 weitere California Rolls herstellen.

7 Jede Rolle mit einem scharfen Messer in 8 gleich große Scheiben schneiden. California Rolls mit Sojasauce, restlichem Wasabi und Ingwer servieren.

Zubereitungszeit:
65 Minuten, ohne Zieh- und Abkühlzeit
Garzeit: etwa 20 Minuten
Vegetarisch

Zutaten für 24 Stück
300 g Sushireis
Salz
450 ml Wasser
4 EL Reisessig
1 gestr. TL Zucker
4 EL Wasabipaste
55 g Delikatess-Mayonnaise
175 g Salatgurke
70 g Römersalat
3 Stängel Koriander
3 Noriblätter
45 g Tobiko-Wasabi-Kaviar aus Fliegenfisch-Rogen

100 ml Sojasauce
100 g eingelegter Ingwer (aus dem Glas)

Zusätzlich:
1 Sushimatte
Frischhaltefolie

Pro Stück:
E: 2 g, F: 3 g, Kh: 11 g, kcal: 77

Zubereitungszeit
70 Minuten
Vegan

Zutaten für 4 Portionen

Für die Gemüse-Chips:
800–900 g Gemüse, z. B.
3 Petersilienwurzeln (etwa 200 g), 2 Möhren (etwa 200 g), 1 Süßkartoffel (etwa 230 g)
Salz

Für den Avocado-Dip:
1 Schalotte
1 Knoblauchzehe
1 Avocado
Saft von 1 Limette
½ gestr. TL Salz
evtl. etwas Cayennepfeffer

etwa 700 ml Erdnuss- oder Sonnenblumenöl

Pro Portion:
E: 4 g, F: 33 g, Kh: 20 g, kcal: 411

Gemüse-Chips mit Guacamole

1 Für die Gemüse-Chips die Petersilienwurzeln putzen, schälen, abspülen und abtropfen lassen. Die Möhren putzen, schälen, abspülen und abtropfen lassen. Süßkartoffel schälen, abspülen und abtropfen lassen.

2 Das Gemüse portionsweise mit dem Gemüsehobel oder dem Sparschäler in dünne Scheiben bzw. Streifen schneiden und beiseitelegen.

3 Für den Avocado-Dip die Schalotte und den Knoblauch abziehen. Beides grob würfeln und in einen Rührbecher geben. Avocado längs halbieren. Die beiden Hälften gegeneinanderdrehen. Den Stein entfernen. Das Fruchtfleisch mit einem Löffel aus den Schalen heben und ebenfalls in den Rührbecher geben. Limettensaft und Salz hinzufügen. Die Zutaten mit dem Pürierstab zu einem glatten Dip pürieren. Avocado-Dip mit Salz und evtl. Cayennepfeffer abschmecken. Dann sofort mit Frischhaltefolie belegen, so bleibt der Dip grün. Avocado-Dip bis zum Servieren in den Kühlschrank stellen.

4 In einem hohen Topf das Erdnuss- oder Sonnenblumenöl auf etwa 180 °C erhitzen, sodass sich um einen in das Öl gehaltenen Holzlöffelstiel Bläschen bilden. Die Gemüsescheiben darin portionsweise nach und nach zu knusprigen Chips ausbacken. Die Chips jeweils mit einem Schaumlöffel aus dem Topf nehmen und auf Küchenpapier abtropfen lassen. Die Gemüse-Chips nach Belieben mit etwas Salz würzen. Den Avocado-Dip dazureichen.

Gemüsepommes

1 Den Backofen vorheizen.
Ober-/Unterhitze: etwa 200 °C
Heißluft: etwa 180 °C

2 Für die Gemüsepommes Kohlrabi, Möhren und Topinambur putzen, schälen, abspülen, abtropfen lassen und in etwa 1 cm dicke Stifte („Pommes") schneiden. Kartoffeln schälen, abspülen, abtropfen lassen und ebenfalls in etwa 1 cm dicke Stifte schneiden.

3 Das Gemüse in die Fettpfanne des Backofens geben und mit 2 gestrichenen Teelöffeln Salz bestreuen und mit dem Rapsöl vermengen.

4 Die Fettpfanne in den vorgeheizten Backofen schieben. Die Gemüsepommes etwa 35 Minuten garen.

5 Die Gemüsepommes nach 15–20 Minuten wenden.

6 Für den Joghurtdip in der Zwischenzeit die Kräuter abspülen und trocken tupfen. Den Dill in kleine Zweige teilen, von der Petersilie die Blättchen abzupfen. Dill und Petersilie klein schneiden. Den Schnittlauch in feine Röllchen schneiden. Die Kräuter unter den Joghurt rühren, mit Salz und Zucker würzen.

7 Die Gemüsepommes mit Salz und etwas Pfeffer bestreuen und mit dem Dip servieren.

Anstelle des Joghurtdips kannst du auch fertigen Kräuter- oder Paprikaquark verwenden. Verrühre 250 g von dem gewünschten Quark mit 250 g Joghurt (3,5 % Fett) und schmecke alles mit etwas Pfeffer ab. Die Pommes kannst du auf einem mit Backpapier ausgelegten Backblech im 80 °C heißen Backofen (Ober-/Unterhitze) warm halten.
Gib beim Würzen noch 1 gestrichenen Teelöffel Paprikapulver edelsüß zum Salz.

Zubereitungszeit:
30 Minuten
Garzeit: etwa 35 Minuten
Vegetarisch

Zutaten für 4 Portionen

Für die Gemüsepommes:
400 g Kohlrabi
500 g Möhren
200 g Topinambur
750 g große, festkochende Kartoffeln
Salz
4 EL Rapsöl

Für den Joghurtdip:
½ Bund Dill
einige Stängel Petersilie
½ Bund Schnittlauch
500 g Sahnejoghurt (10 % Fett)
1 Prise Zucker
gem. Pfeffer

Pro Portion:
E: 11 g, F: 23 g, Kh: 41 g, kcal: 442

Zubereitungszeit:
15 Minuten, ohne Abkühlzeit
Backzeit: etwa 20 Minuten
Vegetarisch

Zutaten für 12 Stück
9 Yufka-Teigblätter
(etwa 27 x 27 cm, aus dem Kühlregal)
1 mittelgroße Zucchini
300 g kleine Tomaten
250 g Ziegenkäse,
z. B. Ziegen-Gouda
6 Stängel Thymian
gem. Pfeffer

Zusätzlich:
1 Muffinform (für 12 Muffins)

Pro Stück:
E: 5 g, F: 4 g, Kh: 4 g, kcal: 181

Gemüsetörtchen mit Ziegenkäse

1 Den Backofen vorheizen.
Ober-/Unterhitze: etwa 200 °C
Heißluft: etwa 180 °C

2 Yufka-Teigblätter mithilfe eines Pinsels mit kaltem Wasser bestreichen und etwas einweichen lassen.

3 In der Zwischenzeit Zucchini abspülen, abtrocknen und die Enden abschneiden. Zucchini in dünne Scheiben schneiden. Tomaten abspülen, abtrocknen, vierteln und die Stängelansätze herausschneiden. Den Käse würfeln. Die Teigblätter jeweils in 4 gleich große Quadrate schneiden (am besten mit einer Haushaltsschere).

4 Je 3 Teigquadrate versetzt übereinanderlegen und in je eine Mulde einer Muffinform (gefettet) drücken. Zucchinischeiben, Tomatenviertel und Käsewürfel darauf verteilen.

5 Thymian abspülen, trocken tupfen und die Blättchen von den Stängeln zupfen. Die Törtchen damit bestreuen und mit Pfeffer würzen. Die Muffinform auf dem Rost in den vorgeheizten Backofen schieben und die Törtchen etwa 20 Minuten backen.

Anstelle von Ziegenkäse kannst du auch Gouda mit Kräutern oder bereits grob geraspelten Käse verwenden. Yufka-Teig (alternativ auch frische Filo- oder Strudelteigblätter) bekommen Sie in gut sortierten Supermärkten oder türkischen Lebensmittelläden.

Snacks & Partyfood

Tortilla-Ecken mit zweierlei Dips

Zubereitungszeit:
15 Minuten, ohne Abkühlzeit
Backzeit: 6–8 Minuten
Vegetarisch

Zutaten für 4 Portionen
1–2 EL Olivenöl
½ TL Paprikapulver edelsüß
1 Prise Kräuter der Provence
4 Weizen-Tortilla-Wraps
(je 62–72 g, aus dem Brotregal;
z. B. mit Leinsamen)

Für den Curry-Gurken-Dip:
100 g Salatgurke
Salz

Für den Paprika-Dip:
70 g gut abgetropfte, geröstete, eingelegte Paprikaschotenhälften (aus dem Glas)
1 Bund Schnittlauch
100 g fettreduzierter körniger Frischkäse (0,8 % Fett absolut)
gem. Pfeffer
1 Prise geschrotete Chilischoten oder Cayennepfeffer

100 g fettreduzierter körniger Frischkäse (0,8 % Fett absolut)
gem. Pfeffer
mildes Currypulver
evtl. etwas Schwarzkümmelsamen

Pro Portion:
E: 13 g, F: 9 g, Kh: 39 g, kcal: 285

1 Den Backofen vorheizen.
Ober-/Unterhitze: etwa 220 °C
Heißluft: etwa 200 °C

2 Olivenöl mit Paprika und den Kräutern verrühren. Ein Backblech mit Backpapier auslegen. Die Tortillas auf einer Arbeitsfläche ausbreiten. Mit dem Würzöl dünn bestreichen. Fladen mit einem scharfen, großen Messer in etwa 5 x 3 cm große Ecken schneiden und auf dem Backblech verteilen.

3 Das Backblech in den vorgeheizten Backofen schieben. Die Tortilla-Gewürz-Ecken in 6–8 Minuten kross rösten. Nach etwa der Hälfte der Backzeit die Ecken einmal wenden.

4 In der Zwischenzeit für den Curry-Gurken-Dip Gurke schälen, längs halbieren, die Kerne mit einem Löffel herausschaben. Gurke fein würfeln, mit etwas Salz mischen, etwa 5 Minuten ziehen lassen.

5 Für den Paprika-Dip Paprikaschotenhälften würfeln oder grob hacken. Schnittlauch abspülen, trocken tupfen und in feine Röllchen schneiden.

6 Frischkäse mit etwas Salz, Pfeffer, Chili oder Cayennepfeffer und Paprikawürfeln oder -stücken in einen hohen Rührbecher geben und pürieren, nochmals mit den Gewürzen abschmecken. Mit Schnittlauchröllchen bestreut in einem Schälchen anrichten.

7 Für den Curry-Gurken-Dip Gurkenwürfelchen abtropfen lassen und mit dem Frischkäse verrühren. Mit Salz, Pfeffer und Curry abschmecken. Nach Belieben mit etwas Schwarzkümmel garniert in einem Schälchen anrichten.

8 Das Backblech auf einen Rost stellen. Die gerösteten Tortilla-Chips nach Belieben etwas abkühlen lassen und zu den Dips reichen.

Herzhafte Nussriegel

Zubereitungszeit:
15 Minuten, ohne Abkühlzeit
Backzeit: etwa 20 Minuten
Vegetarisch

Zutaten für 16 Stück:

Zum Vorbereiten::
80 g getrocknete Tomaten (ohne Öl)
60 g Walnusskerne

Für die Nussmasse:
1 Ei (Größe M)
2 EL Olivenöl
180 g ger. mittelalter Gouda
30 g Sonnenblumenkerne
20 g helle Sesamsamen
150 g kernige Haferflocken
30 g gepuffter Amaranth
2 Prisen Salz
gem. Pfeffer
2 TL gerebelter Oregano

Pro Stück:
E: 6 g, F: 9 g, Kh: 8 g, kcal: 140

1 Zum Vorbereiten getrocknete Tomaten und Walnusskerne hacken.

2 Den Backofen vorheizen.
Ober-/Unterhitze: etwa 200 °C
Heißluft: etwa 180 °C

3 Für die Nussmasse Ei und Öl in einer Rührschüssel mit einem Mixer (Rührstäbe) kurz verschlagen. Käse, Tomaten, Nüsse, Sonnenblumenkerne, Sesam, Haferflocken und Amaranth dazugeben und mit dem Mixer (Rührstäbe) gründlich verrühren. Mit Salz, Pfeffer und Oregano würzen.

4 Die Nuss-Flockenmasse auf einem Backblech (mit Backpapier belegt) zu einem Rechteck (20 x 32 cm) ausrollen. Das Backblech in den vorgeheizten Backofen schieben und die Nuss-Flockenplatte in etwa 20 Minuten hellbraun backen.

5 Das Backblech auf einen Kuchenrost legen und etwa 5 Minuten abkühlen lassen. Dann die Nussplatte mit einem scharfen Messer in Riegel (10 x 4 cm) schneiden. Die Riegel vollständig auskühlen lassen.

Die herzhaften Riegel halten sich einer gut schließenden Dose 1–2 Wochen.

Hummus mit Tortilla-Sticks

1 Kichererbsen in ein Sieb geben, mit kaltem Wasser abspülen und gut abtropfen lassen. Kichererbsen in einen hohen Rührbecher geben. Tahini-Paste, Olivenöl, Salz, Paprika, Kreuzkümmel und Zitronensaft hinzugeben.

2 Die Zutaten mit einem Pürierstab fein pürieren. Dabei so viel Wasser unterrühren, bis eine sehr glatte, cremige Masse entstanden ist. Hummus zugedeckt in den Kühlschrank stellen.

3 Den Backofengrill vorheizen.

4 Für die Tortilla-Sticks das Eigelb mit der Milch verschlagen. Sesam, Paprika und Kreuzkümmel unterrühren.

5 Die Tortilla-Fladen nebeneinander auf eine Arbeitsplatte legen. Die Fladen auf einer Seite dünn mit der Eiermilch bestreichen. Jeden Fladen in etwa 2 cm breite Streifen schneiden. Die Fladenstreifen mit der bestrichenen Seite nach oben auf ein Backblech (mit Backpapier belegt) legen.

6 Das Backblech in den vorgeheizten Backofen schieben. Die Tortilla-Sticks kurz goldbraun backen. Das Backblech auf einen Kuchenrost stellen, die Tortilla-Sticks erkalten lassen.

7 Hummus in Portionsschälchen füllen, dabei in der Mitte eine Kuhle bilden und diese mit dem Olivenöl füllen. Den Rand mit Paprika bestreuen und mit abgespülten, trocken getupften Minzeblättchen garnieren. Hummus mit den Tortilla-Sticks anrichten.

👨‍🍳 Eine kleine Gabel in das Paprikapulver stippen und zur Dekoration auf das Hummus stempeln. Die Tortilla-Sticks während der Grillzeit beobachten, da sie sehr schnell bräunen.

Zubereitungszeit:
25 Minuten, ohne Abkühlzeit
Vegetarisch

Zutaten für 8 Portionen

Für den Hummus:
265 g abgetropfte Kichererbsen (aus der Dose)
50 g Tahini-Paste (Sesampaste)
4 EL Olivenöl
Salz
1 TL Paprikapulver rosenscharf
1 TL gem. Kreuzkümmel (Cumin)
2 EL Zitronensaft
4–5 EL kaltes Wasser

Für die Tortilla-Sticks:
1 Eigelb (Größe M)
2 EL Milch
1 geh. EL ungeschälte Sesamsamen
2 geh. EL Paprikapulver rosenscharf
1 TL gem. Kreuzkümmel (Cumin)
3 Tortilla-Weizen-Fladen (Ø je etwa 20 cm)
2–3 EL Olivenöl
etwas Paprikapulver rosenscharf
einige Minzeblättchen

Pro Portion:
E: 6 g, F: 16 g, Kh: 16 g, kcal: 236

Käse-Zwiebel-Muffins mit Tomaten-Chutney

Zubereitungszeit:
30 Minuten, ohne Abkühlzeit
Backzeit: etwa 25 Minuten
Vegetarisch

Zutaten für 12 Stück

Für das Tomaten-Chutney:
300 g rote Zwiebeln
300 g Tomaten
250 g Extra Gelierzucker 2 : 1
50 ml weißer Balsamico-Essig

Für den Muffin-Teig:
150 g Parmesan, im Stück
250 g Weizen-Vollkornmehl
100 g Röstzwiebeln (Fertigprodukt)
1 TL Paprikapulver edelsüß
2 gestr. TL Backpulver
1 gestr. TL Salz
250 g Buttermilch
3 EL Olivenöl

Zusätzlich:
1 Muffinform (für 12 Muffins)
12 Muffin-Papierbackförmchen

Pro Stück:
E: 8 g, F: 11 g, Kh: 40 g, kcal: 293

1 Für das Chutney die Zwiebeln abziehen und in feine Würfel schneiden. Tomaten abspülen, trocken tupfen, halbieren und die Stängelansätze herausschneiden. Tomatenhälften fein würfeln.

2 Zwiebel- und Tomatenwürfel (insgesamt 500 g) in den Topf geben. Gelierzucker unterrühren. Die Zutaten zum Kochen bringen und mindestens 3 Minuten unter ständigem Rühren sprudelnd kochen lassen. Essig unterrühren, nochmals aufkochen.

3 Den Topf von der Kochstelle nehmen. Chutney abkühlen lassen, bis es geliert und leicht fest wird (dauert etwa 2 Stunden).

4 Den Backofen vorheizen.
Ober-/Unterhitze: etwa 180 °C
Heißluft: etwa 160 °C

5 Für den Teig Parmesan evtl. entrinden und fein würfeln.

6 Mehl in einer Rührschüssel mit Röstzwiebeln, Paprika, Backpulver und Salz vermischen. Buttermilch und Olivenöl hinzugeben. Die Zutaten mit dem Mixer (Knethaken) zunächst kurz auf niedrigster, dann auf höchster Stufe zu einem glatten Teig verkneten. Käsewürfel kurz mit dem Mixer unterrühren.

7 Den Teig gleichmäßig mit einem Löffel in den Mulden einer Muffinform (für 12 Muffins, mit Papierbackförmchen ausgelegt) verteilen. Die Form auf dem Rost in den vorgeheizten Backofen schieben. Die Muffins etwa 25 Minuten backen.

8 Die Form auf einen Kuchenrost stellen. Muffins etwa 5 Minuten abkühlen lassen, dann mit den Papierbackförmchen aus der Form nehmen. Muffins warm oder kalt anrichten und mit dem Tomaten-Chutney servieren.

Lachs-Gurken-Rolls mit Dill

Zubereitungszeit: 30 Minuten

Zutaten für 4 Portionen
8 Scheiben frisches Toastbrot (Sandwich XL)
½ Salatgurke
Salz
1 Avocado
Saft von 1 Limette
gem. Pfeffer
4 Stängel Dill
200 g Kräuterfrischkäse
8 große Scheiben gebeizter Lachs (etwa 200 g)

Zusätzlich:
8 Holzstäbchen

Pro Portion:
E: 23 g, F: 33 g, Kh: 36 g, kcal: 547

1 Das Toastbrot entrinden und die Scheiben mit einer Teigrolle dünn ausrollen.

2 Die Gurke abspülen, abtrocknen, das Ende abschneiden. Gurke mit einem Sparschäler längs in möglichst dünne Scheiben schneiden. Gurkenscheiben mit etwas Salz bestreuen.

3 Avocado halbieren und den Stein entfernen. Das Fruchtfleisch mit einem Löffel aus der Schale heben, in Spalten schneiden und sofort mit Limettensaft beträufeln. Mit Salz und Pfeffer würzen. Dill abspülen, trocken tupfen und die Spitzen von den Stängeln zupfen.

4 Den Kräuterfrischkäse dünn auf den Toastbrotscheiben verstreichen. Die Lachsscheiben darauf verteilen. Die Avocadospalten in die Mitte der Brotscheiben legen und mit einigen Dillspitzen belegen.

5 Die belegten Brotscheiben fest aufrollen und mit Holzstäbchen fixieren.

6 Die Rolls aufschneiden, auf einer Platte anrichten und mit den restlichen Dillspitzen garnieren.

Lachs-Gurkenrolls als kleinen Snack oder zum Aperitif servieren.
Im italienischen Supermarkt gibt es spezielles, bereits entrindetes XXL-Weißbrot (Tramezzini) zu kaufen.

Kürbis-Börek-Sticks mit Orangen-Minze-Dip

Zubereitungszeit:
50 Minuten, ohne Abkühlzeit
Garzeit: 18–20 Minuten
(für den Kürbis)
Bratzeit: 4–6 Minuten
(für die Sticks)
Vegetarisch

Zutaten für 18 Stück

Für die Börek-Sticks:
450 g Hokkaido-Kürbis
Salz
Cayennepfeffer
1 rote Zwiebel (etwa 40 g)
5–6 EL Sonnenblumenöl
4 Stängel Minze
350 g Fetakäse
1 EL Paprikapulver edelsüß
gem. Pfeffer

Für den Orangen-Minze-Dip:
1 EL Schwarzkümmel
(„Cörek Otu")
1 TL fein abger. Bio-
Orangenschale
(unbehandelt, ungewachst)
300 g Joghurt (3,5 % Fett)
200 g Yufka- oder Filoteig
(aus dem türkischen
Lebensmittelladen)

Zusätzlich:
sauberes Geschirrtuch

Pro Stück:
E: 5 g, F: 9 g, Kh: 9 g, kcal: 136

1 Für die Börek-Sticks den Backofen vorheizen.
Ober-/Unterhitze: etwa 200 °C
Heißluft: etwa 180 °C

2 Den Kürbis abspülen, abtrocknen, halbieren und in etwa 2 ½ cm breite Spalten schneiden. Die Kerne mit dem faserigen Innenteil abschneiden. Die Kürbisspalten mit etwas Salz und Cayennepfeffer würzen und auf ein Backblech (gefettet, mit Backpapier belegt) setzen.

3 Das Backblech in den vorgeheizten Backofen (unteres Drittel) schieben. Die Kürbisspalten 18–20 Minuten garen, bis sie weich sind. Das Backblech auf einen Kuchenrost stellen und die Kürbisspalten erkalten lassen.

4 In der Zwischenzeit Zwiebel abziehen und fein würfeln. ½ Esslöffel von dem Sonnenblumenöl in einer Pfanne (Ø etwa 24 cm) erhitzen. Zwiebelwürfel darin weich dünsten, dann auf einen Teller geben und erkalten lassen.

5 Minze abspülen, trocken tupfen und die Blättchen von den Stängeln zupfen. Die Blättchen von 2 Minzestängeln fein schneiden. Fetakäse zerbröseln. Den Kürbis fein hacken und mit der fein geschnittenen Minze hinzufügen. Feta-Kürbis-Masse mit Zwiebelwürfeln und Paprika gut vermischen. Masse evtl. mit Salz und Pfeffer würzen.

6 Für den Dip den Schwarzkümmel in der gesäuberten Pfanne ohne Fett unter Rühren leicht rösten und auf einen Teller geben. Die restlichen Minzeblättchen fein schneiden, mit der Orangenschale und dem Joghurt glatt rühren. Den Orangen-Minze-Dip in 6 Schälchen füllen und mit dem Schwarzkümmel bestreuen.

7 Ein Geschirrtuch nass machen und mit den Händen auswringen. Den Teig in 18 Rechtecke (je etwa 20 x 30 cm) schneiden. Die Teigplatten übereinanderlegen und mit dem nur ganz leicht feuchten Tuch abdecken (der Teig wird sonst trocken und brüchig).

8 Ein Teigblatt im Querformat auf die Arbeitsfläche legen. Etwas von der Feta-Kürbis-Masse in einem etwa 12 cm langen Streifen daraufgeben. Die Teigseiten links und rechts darüberklappen und von unten nach oben fest aufrollen. Auf diese Weise insgesamt 18 Kürbis-Börek-Sticks zubereiten. Die Sticks mit der Nahtseite nach unten auf ein Tablett (mit Backpapier belegt) legen.

9 Etwas von dem restlichen Sonnenblumenöl in der Pfanne erhitzen. Die Kürbis-Börek-Sticks portionsweise in dem heißen Öl bei starker Hitze rundherum in 2–3 Minuten goldbraun braten.

10 Die fertigen Sticks aus der Pfanne nehmen und auf Küchenpapier legen. Die Sticks warm stellen. Die Kürbis-Börek-Sticks mit dem Dip servieren.

Snacks & Partyfood

Pizza-Waffeln

Zubereitungszeit:
20 Minuten
Überbackzeit: etwa 10 Minuten je Backblech
Vegetarisch

Zutaten für 8–10 Portionen
1 grüne Spitzpaprika
75 g abgetropfte getrocknete Tomaten, in Öl
200 g Schafskäse
250 g Weizenmehl
3 gestr. TL Backpulver
4 Eier (Größe M)
½ gestr. TL Salz
Paprikapulver edelsüß
300 g saure Sahne
100 g ger. Pizza-Käse

Zum Überbacken:
250 g abgetropfter Mozzarella
10 mittelgroße Tomaten

Pro Portion:
E: 19 g, F: 21 g, Kh: 28 g, kcal: 376

1 Für den Teig Paprikaschote halbieren, entstielen, entkernen und die weißen Scheidewände entfernen. Schote abspülen, trocken tupfen und klein würfeln. Getrocknete Tomaten ebenfalls klein würfeln. Schafskäse zerbröseln. Mehl mit Backpulver in einer Rührschüssel mischen. Eier, Salz, Paprika und saure Sahne hinzufügen.

2 Die Zutaten mit einem Mixer (Rührstäbe) zunächst kurz auf niedrigster, dann auf höchster Stufe in etwa 2 Minuten zu einem glatten Teig verarbeiten. Pizza-Käse unterrühren. Dann Paprika-, Tomatenwürfel und Schafskäsebrösel unterheben.

3 Das Waffeleisen erhitzen und leicht fetten, dabei die Herstelleranleitung beachten.

4 Jeweils 2 Esslöffel Teig in das Waffeleisen geben und verstreichen. Die Waffeln goldbraun backen, mit einer Gabel oder einem Pfannenwender herausnehmen und einzeln auf einem Kuchenrost erkalten lassen. Auf diese Weise 10–12 Waffeln backen.

5 Den Backofen vorheizen.
Ober-/Unterhitze: etwa 200 °C
Heißluft: etwa 180 °C

6 Zum Überbacken Mozzarella waagerecht halbieren und in dünne Scheiben schneiden. Tomaten abspülen, trocken tupfen, halbieren und die Stängelansätze herausschneiden. Tomaten ebenfalls in dünne Scheiben schneiden. Die Waffeln in Herzen teilen und auf Backbleche legen. Die einzelnen Herzen mit je 1 Tomaten- und Mozzarellascheibe belegen.

7 Die Backbleche nacheinander (bei Heißluft zusammen) in den vorgeheizten Backofen schieben. Die Pizza-Waffeln etwa 10 Minuten je Backblech überbacken. Sofort servieren.

Quesadillas mit Avocadocreme

Zubereitungszeit:
45 Minuten
Bratzeit: etwa 6 Minuten je Fladen
Vegetarisch

Zutaten für 4 Portionen
500 g Avocado
3 EL Limettensaft
Salz
100 g Frühlingszwiebeln
½–1 grüne Chilischote
250 g Cheddar, am Stück
½ Bund Koriander
275 g abgetropfter Gemüsemais (aus der Dose)
50 g Crème fraîche
50 g Röstzwiebeln (Fertigprodukt)
1 TL Paprikapulver edelsüß
½ TL gem. Kreuzkümmel (Cumin)
8 Tortilla-Weizen-Fladen (ø etwa 20 cm)
8 EL Olivenöl

Pro Portion:
E: 27 g, F: 77 g, Kh: 55 g, kcal: 1039

1 Die Avocados halbieren und jeweils den Stein entfernen. Das Fruchtfleisch aus den Schalen lösen und in einen hohen Rührbecher geben. Limettensaft sofort hinzugeben und untermischen. Avocado-Fruchtfleisch mit einem Pürierstab fein pürieren und mit Salz würzen.

2 Frühlingszwiebeln putzen, abspülen, abtropfen lassen und in sehr feine Scheiben schneiden. Chilischote halbieren, entstielen, entkernen, abspülen und trocken tupfen. Chilischote fein zerschneiden. Cheddar grob reiben. Koriander abspülen, trocken tupfen und die Blättchen von den Stängeln zupfen. Zwei Drittel der Korianderblättchen grob zerschneiden.

3 Frühlingszwiebelscheiben, Chili, geriebenen Cheddar, Gemüsemais und grob geschnittenen Koriander in eine Schüssel geben. Crème fraîche, Röstzwiebeln, Paprika, Kreuzkümmel und Salz gut untermischen.

4 Den Backofen vorheizen.
Ober-/Unterhitze: etwa 100 °C
Heißluft: etwa 80 °C

5 Die Gemüse-Käse-Mischung auf 4 Tortillafladen verteilen. Die restlichen Tortillafladen daraufsetzen und fest andrücken.

6 Jeweils 2 Esslöffel Olivenöl in einer großen Pfanne erhitzen. Die gefüllten Tortillafladen darin nacheinander bei schwacher Hitze von jeder Seite etwa 3 Minuten goldbraun braten.

7 Die gebackenen Quesadillas im vorgeheizten Backofen warm halten.

8 Die restlichen Korianderblättchen klein schneiden. Die Quesadillas anrichten, mit Koriander bestreuen und mit der Avocadocreme servieren.

Tofuschnitten mit Nuss-Zwiebel-Kruste

1 Den Backofen vorheizen.
Ober-/Unterhitze: etwa 200 °C
Heißluft: etwa 180 °C

2 Tofustücke nebeneinander in eine flache Auflaufform legen. Zunächst Sojasauce, dann 2 Esslöffel Öl darüberträufeln. Mit Pfeffer, Chili und/oder Curry bestreuen. Tomate abspülen, abtrocknen, den Stängelansatz herausschneiden. Tomate in Scheiben schneiden und auf den Tofustücken verteilen.

3 Nüsse hacken und auf den Tomatenscheiben verteilen. Zwiebeln darüberstreuen. Die Form auf dem Rost in den vorgeheizten Backofen schieben. Die Tofuschnitten etwa 15 Minuten knusprig überbacken.

4 Inzwischen die Gurken schälen, in feine Scheiben hobeln, mit ½ Teelöffel Salz in einer Schüssel mischen, kurz ziehen lassen.

5 Zwiebel abziehen, halbieren und in feine Scheiben schneiden. Pfeffer, restliches Öl und Zitronensaft unter die Gurkenscheiben mischen. Zwiebelscheiben darüberstreuen.

6 Tofu und Gurkensalat anrichten.

Die Tofuscheiben schmecken auch mit gerösteten, gesalzenen Erdnusskernen oder Chili-Nussmix aus der Snack-Packung sehr lecker.
Dazu passt knuspriges Baguette oder Zwiebelbaguette. Die Tofuscheiben kannst du ohne die Nüsse schon am Abend vorher marinieren und fertig belegt in eine Auflaufform geben. Mit Folie bedeckt im Kühlschrank aufbewahren. Am nächsten Tag im Backofen knusprig backen.

Zubereitungszeit:
10 Minuten, ohne Ziehzeit
Überbackzeit: etwa 15 Minuten
Vegetarisch

Zutaten für 4 Portionen
4 Stücke abgetropfter Tofu
(je etwa 125 g)
2–3 EL Sojasauce
4 EL Sojaöl
gem. Pfeffer
nach Belieben 1 Prise
geschroteter Chili
und/oder Curry
1 große Fleischtomate
80 g Nuss-Mix (z. B. Haselnusskerne, Mandeln, Walnuss-, Cashewkerne)
2–3 EL Röstzwiebeln
2 mittelgroße Salatgurken
(je etwa 350 g)
Salz
1 kleine rote Zwiebel
2 EL Zitronensaft
(z. B. aus der Flasche)

Pro Portion:
E: 16 g, F: 29 g, Kh: 9 g, kcal: 373

Register

A

- Apfel-Milchreis 130
- Apfelpfannkuchen 157
- Apple Caramel Dump Cake 133
- Arme Ritter....................... 24

B

- Baked Potatoes 166
- Banana Bread 134
- Bärlauchpesto..................... 73
- Beeren-FroYo 137
- Beeren-Porridge 40
- Bento-Box mit Couscous-Salat 54
- Blätterteig-Nuss-Nougat-Hörnchen ... 138
- Blätterteigschnecken 169
- Blätterteigschnecken mit Tomaten und Kapern 169
- Bolognese 88
- Breakfast-Drinks 16
- Brötchen-Variationen 48
- Brotspieße mit Salat 57
- Bruschetta-Variationen 170
- Bulgur-Gemüse-Pfanne 58
- Burrito Bowl 61

C/D

- Caesar-Salat 62
- California Rolls mit Salat und Gurke ... 173
- Chia-Frühstück mit Erdbeer-Bananen-Salat........ 19
- Chili sin Carne................... 91
- Couscous-Linsen-Salat 65
- Crunch-Müsli-Wochenvorrat...... 20
- Crunchy Choco Cookies 141
- Currywurst aus dem Glas 66
- Dattel-Nuss-Creme................ 23

E

- Erdbeer-Mandelmilch-Smoothie 16
- Erdbeer-Minz-Konfitüre 23
- Erdbeer-Tiramisu................. 142
- Erdnuss-Honig-Bratapfel mit Cheesecake-Dip 146
- Erdnussbutter-Cookies aus 3 Zutaten... 145

F

- Falafel-Taler im Pita-Brot 69
- French Toast..................... 24
- Fried Rice 92
- Frischkäse-Pesto-Aufstrich........ 27
- Fruchtmüsli-Variationen 28
- Frühlingszwiebelaufstrich 27
- Frühstücks-Burger 31
- Frühstücks-Scones mit Ziegenfrischkäse . 32

G

- Gemüse-Chips mit Guacamole 174
- Gemüsepommes 177
- Gemüsetörtchen mit Ziegenkäse ... 178
- Gratinierte Räucherlachs-Pasta 95

H/I

- Hähnchenbrust mit Mozzarella 96
- Herzhafte Nussriegel 182
- Hummus mit Tortilla-Sticks 185
- Indisches Rührei 44

K

- Kartoffel-Tortilla 70
- Käse-Zwiebel-Muffins mit Tomaten-Chutney 186
- Käsespätzle....................... 99
- Knusper-Backofen-Schnitzel...... 100
- Kokos-Limetten-Energy-Balls 149
- Kürbis-Börek-Sticks mit Orangen-Minze-Dip........... 190
- Kürbis-Quiche................... 103

L

Lachs-Gurken-Rolls mit Dill 189
Leichte Schokomousse 150

M

Mango-Reismilch-Smoothie 16
Marshmallow-Johannisbeer-Mug-Cakes. 153
Mexikanisches Rührei 44
Müsliriegel mit Aprikosen 154

N

New England Breakfast Toast 35
Nudelsalat mit Pesto 73
Nudelsuppe to go 74

O

Ofengemüse mit Walnusspesto. 102
One Pot Mac'n'Cheese 107
Orangen-Bananen-Saft mit Kiwi. 16
Orientalisches Aprikosen-Hähnchen . . . 108
Overnight Oats mit Banane 36

P

Paprika- oder Chiliquark 39
Paprika-Mandelmilch-Smoothie 16
Paprika-One-Pot-Pasta 111
Paprika-Quark-Brot 39
Pasta-Salat mit Rucola und Mais. 77
Petersilien-Joghurt-Dip 58
Petersilien-Sojamilch-Smoothie. 16
Pfannkuchen 157
Pho mit Rindfleisch 112
Pizza Margherita 115
Pizza-Waffeln 193
Poké Bowl mit Räucherlachs 78
Porridge-Variationen 40
Pulled Pork aus dem Backofen 116
Pulled Pork Burger 117

Q

Quark-Brot aus dem Beutel 43
Quark-Kokos-Tiramisu 142
Quark-Pancakes. 158
Quesadillas mit Avocadocreme 194

R

Rote-Bete-Burger. 119
Rucola-One-Pot-Pasta
mit Parmesan-Sauce 120
Rucolapesto 73
Rucolasalat mit Parmesan 120
Rührei mit Krabben und Lachs. 44
Rührei mit Kräutern und Knoblauch . . . 44
Rührei mit Schinken 44
Rührei-Variationen. 44

S

Salat-Mix mit Grilled-Cheese-Toasts 81
Salted Caramel Chocolate Brownies. . . . 161
Schakschuka. 123
Schokoladenpudding 162
Selbst gemachte Spätzle. 99
Summerrolls mit Erdnuss-Sauce. 82
Süßkartoffelcremesuppe 124
Süßkartoffelpfanne. 124

T

Thai-Salat im Glas 85
Thunfisch-Wrap-Pizza. 127
Toastmuffins mit Ei und Speck. 47
Tofuschnitten mit Nuss-Zwiebel-Kruste . 197
Tortilla-Ecken mit zweierlei Dips 181
Trockenfrüchte-Porridge 40

V

Vanilleberg mit Erdbeeren 162
Vollkorn-Stulle 39

Impressum

HINTER JEDEM TOLLEN BUCH STECKT EIN STARKES TEAM

Projektleitung: *Karin Boonk*
Lektorat: *Regina Rautenberg, Nützen*
Texte und Ratgeber: *Klaus Schäfer, Bonn*
Rezeptentwicklung und -beratung: *Anna Walz, Hamburg*
Nährwertberechnungen: *Nutri Service, Hennef; Angelika Illies, Langen*
Titelgestaltung, Layout und Satz: *Büro 18, Friedberg/Bayern*
Herstellung: *Frank Jansen*
Producing: *Jan Russok*
Druck & Bindung: *optimal media GmbH, Röbel*

Alle Rechte vorbehalten. All rights reserved.
Das Werk darf – auch teilweise – nur mit Genehmigung des Verlags wiedergegeben werden.

UNSER VERLAGSHAUS

Mit Standorten in Hamburg und München zählt die Edel Verlagsgruppe zu den größten unabhängigen Buchanbietern Deutschlands. Zur Gruppe gehören die Verlage Dr. Oetker Verlag, Edel Sports, KARIBU und ZS.

Die Bücher und E-Books unter der Marke Dr. Oetker Verlag erscheinen als Lizenz in der Edel Verlagsgruppe GmbH
www.oetker-verlag.de
www.facebook.com/Dr.OetkerVerlag
www.instagram.com/Dr.OetkerVerlag

FÜR DIE UMWELT

ZS unterstützt bei der Produktion dieses Buches das Projekt „Junge Riesen für die nächsten 100 Jahre" im Naturpark Nossentiner/Schwinzer Heide. Damit wird ein Anteil der unvermeidbaren CO_2-Emissionen im direkten Umfeld des Produktionsstandortes kompensiert.

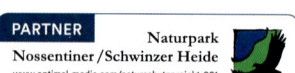

LIEBE LESERINNEN, LIEBE LESER,

seit 130 Jahren gibt es Dr. Oetker Bücher, viele davon sind seit Jahrzehnten im Programm. Mit jedem Buch, mit jeder Aktualisierung eines unserer Klassiker erfinden wir uns neu. Was bleibt, ist immer der Kern unserer Bücher: praktisch müssen sie sein und funktionieren muss alles. Gerne auch mal den einen oder anderen Kniff anbieten, den Sie vielleicht noch nicht kannten. Deshalb kommen Ihnen die Dr. Oetker Bücher so modern und frisch und doch so vertraut vor.

Viel Spaß und viel Erfolg wünschen wir Ihnen auch mit diesem Buch.
Ihre Dr. Oetker Verlagsredaktion

3. Auflage 2024
© 2020 Edel Verlagsgruppe GmbH/ZS
Kaiserstraße 14 b
D–80801 München
ISBN: 978-3-7670-1812-9

BILDNACHWEIS

Food Icons auf Cover und Innenseiten:
www.shutterstock.com (Palsur)
Foodfotografie:
Barbara Bonisolli, München (S. 26);
Walter Cimbal, Hamburg (S: S. 67, 152);
Fotostudio Diercks (Thomas Diercks, Kai Boxhammer, Christiane Krüger), Hamburg (S. 10, 13, 56, 63, 94, 102, 118, 121, 122, 125, 143, 164, 171, 172, 179, 184, 191);
Eising Studio / Food Photo & Video, München (S. 5, 6, 9, 14, 29, 41, 68, 80, 90, 167, 175, 187, 188, 192, 196);
Antje Plewinski, Berlin (S. 17, 18, 21, 22, 30, 33, 34, 38, 45, 49, 50, 59, 64, 76, 93, 97, 113, 131, 156, 163, 168, 195);
Anke Politt, Hamburg (S. 25, 37, 42, 46, 52, 55, 60, 71, 72, 75, 79, 83, 84, 98, 109, 132, 140, 144, 148, 160);
StockFood Studios / Meike Bergmann (S. 176);
StockFood Studios / PHOTOART (S. 114, 135);
StockFood Studios / Katrin Winner (S. 2, 86, 89, 101, 110, 126, 128, 239, 147, 151, 155, 159, 180, 183);
StockFood Studios / Jan Wischnewski (S. 105);
Axel Struwe, Bielefeld (S. 106, 117, 136)